〈頻出ランク付〉
昇任試験シリーズ 3

地方公務員法101問

【第3次改訂版】

地方公務員昇任試験問題研究会 編著

第3次改訂版にあたって

　実務にたずさわっている自治体職員にとって，昇任昇格試験の勉強というのは，いろいろな制約があるものです。例えば，仕事が忙しかったり，お酒のつきあいがあったり，家庭の問題があったり等さまざまな理由によって試験勉強が妨げられるのが普通です。

　そこで，昇任昇格試験を経験したメンバーで構成されている当研究会では，同様の悩みの中での学習を余儀なくされた自らの体験をもとに，受験者の方々が短期間に，最小限の労力で，自治体職員として知っておくべき事柄をマスターできる問題集を，というねらいで平成7年にこのシリーズを誕生させました。シリーズ3作目の「地方公務員法101問」は初版刊行以来，2度の改訂を経て，このたび24年目を迎えることとなりました。

　平成29年6月に，特別職の任用及び臨時的任用の厳格化，「会計年度任用職員」の創設による一般職の非常勤職員の任用等の明確化に係る地方公務員法改正（平成29年法律第29号）が公布されたことから，この改正を盛り込み，新規問題への差し替えや問題の手直しを施すなどして，第3次改訂版として発刊することとしました。なお，改正法の施行日が2020（平成32）年4月1日であるため，法改正後の根拠条文を〈　〉内に示しています。

　本書はまた，次のような特徴をもっています。
○東京都及び東京23特別区，大阪府，埼玉県，札幌市，横浜市，神戸市などで実際に出題された昇任試験問題をもとに，試験突破のための必須101問を厳選収録した。

○101問の中でも，出題頻度の高い順に，★★★，★★，★の三段階のランクを付けてあるので，時間のない時など，頻度の高いものから学ぶと効果的である。

○五肢択一の問題を左頁に，各肢に対応する解説を右頁に，できるだけ条文，判例，実例を掲げるように努めた。

○難しい用語にはフリガナを，重要な語句には解説を施してあるので，辞典や参考書を見る手間が省略できる。

○「正解チェック欄」を設けてあるので，一度当たって解けなかった問題をチェックしておけば，試験直前の再学習に便利である。

　学ばなければいけないことの多い受験者にとって，このようなメリットをもつ本シリーズは，短い時間で効果の上がる問題集として非常に有効であると確信します。

　受験者各位が本書をフルに活用し，難関を突破されることを期待しています。

　　　2019（平成31）年2月

　　　　　　　　　　　地方公務員昇任試験問題研究会

地方公務員法 101 問・目次

★★★，★★，★ …… 頻度順の星印

地方公務員制度の基本理念としくみ

1 地方公務員制度の基本理念 …………………★★　　2
2 地方公務員法の法体系 ………………………★　　4

地方公務員の種類

3 一般職と特別職──①区分の基準 …………★★★　6
4 一般職と特別職──②平成29年法改正 ……★★　　8
5 一般職と特別職──③就任の条件 …………★★　　10
6 一般職と特別職──④就任の条件 …………★　　　12

人 事 機 関

7 任命権者 …………………………………………★★★　14
8 人事委員会及び公平委員会──①共同設置・委託
　　　……………………………………………………★　16
9 人事委員会及び公平委員会──②委員の条件 ……★　18
10 人事委員会及び公平委員会──③委員の条件 ……★　20
11 人事委員会及び公平委員会──④権限 ………★　22
12 人事委員会及び公平委員会──⑤権限 ………★　24
13 人事委員会及び公平委員会──⑥権限 ………★★★　26
14 人事委員会及び公平委員会──⑦設置・権限 ……★　28
15 人事委員会及び公平委員会──⑧権限 ………★★　30

16	人事委員会及び公平委員会——⑨権限 ……………★	32
17	人事委員会及び公平委員会——⑩長との関係 ★★★	34
18	人事委員会及び公平委員会——⑪人事委員会を置かない地方公共団体 ……………………………★★	36

任　　　用

19	平等取扱いの原則……………………………★★★	38
20	欠格条項——①法16条の適用 …………………★	40
21	欠格条項——②欠格条項と任用 …………………★	42
22	任用——①成績主義の原則……………………★★	44
23	任用——②一般職の任用……………………★★★	46
24	任用——③任用の方法 ………………………★★	48
25	任用——④会計年度任用職員 ………………★★	50
26	競争試験と選考——①採用・昇任の方法 ………★★	52
27	競争試験と選考——②条件・採用候補者名簿 ……★	54
28	採用内定の取消し …………………………………★★	56
29	条件付採用——①身分保障 …………………★★★	58
30	条件付採用——②身分取扱い ………………★★★	60
31	臨時的任用——①人事委員会が設置されている場合 …………………………………………★★★	62
32	臨時的任用——②身分取扱い ………………★★	64

勤 務 条 件

33	給与——①基本原則 ……………………………★	66
34	給与——②一般職の給与…………………………★	68
35	給与——③給与支払の原則 ……………………★	70

36	給与──④給与請求権 ································★	72	
37	給与──⑤給与請求権 ································★	74	
38	勤務条件──①労働時間・安全衛生 ··············★	76	
39	勤務条件──②勤務時間 ····························★	78	
40	勤務条件──③休憩時間 ··························★★	80	
41	勤務条件──④労働基準法に定める休憩時間······★★	82	

分限及び懲戒

42	分限処分──①意義と種類 ······················★★★	84
43	分限処分──②手続及び効果等 ················★★★	86
44	分限処分──③意義 ································★★	88
45	分限処分──④処分の事由 ························★★	90
46	分限処分──⑤処分の事由 ······················★★★	92
47	分限処分──⑥失職と休職 ··························★	94
48	懲戒処分──①対象及び手続 ······················★	96
49	懲戒処分──②事由 ································★★	98
50	懲戒処分──③種類及び手続 ····················★★	100
51	懲戒処分──④範囲及び対象 ······················★	102
52	懲戒処分──⑤手続及び効果 ····················★★	104
53	分限と懲戒──①相違点 ························★★★	106
54	分限と懲戒──②種類及び効果 ················★★★	108

離　　職

55	職員の離職································★	110
56	定年退職──①性質及び内容 ······················★	112
57	定年退職──②定年延長等 ························★	114

義務（服務）

58	服務の根本基準	★	*116*
59	服務の宣誓	★	*118*
60	職務命令の有効要件	★★★	*120*
61	命令に従う義務	★★★	*122*
62	信用失墜行為──①対象及び罰則	★★	*124*
63	信用失墜行為──②基準及び対象	★★	*126*
64	秘密を守る義務──①対象及び証言	★★★	*128*
65	秘密を守る義務──②許可及び罰則	★	*130*
66	秘密を守る義務──③秘密の意義	★★	*132*
67	職務専念義務──①適用範囲	★★★	*134*
68	職務専念義務──②免除	★★★	*136*
69	職務専念義務──③免除と給与の支給	★★	*138*
70	政治的行為の制限──①禁止行為	★★★	*140*
71	政治的行為の制限──②職種等による相違	★	*142*
72	政治的行為の制限──③政治の目的	★★★	*144*
73	政治的行為の制限──④区域	★★	*146*
74	政治的行為の制限──⑤区域	★★	*148*
75	争議行為等の禁止──①禁止行為と責任	★★	*150*
76	争議行為等の禁止──②職種等による相違	★★	*152*
77	営利企業への従事等制限──①報酬と許可	★★	*154*
78	営利企業への従事等制限──②許可の基準等	★	*156*
79	営利企業への従事等制限──③制限される行為	★★★	*158*

80	営利企業への従事等制限──④勤務時間の内外等 ……★★★	160
81	営利企業への従事等制限──⑤許可の要否 ……★★	162
82	退職管理──①依頼等の規制 ……★★★	164
83	退職管理──②依頼等の規制 ……★★	166

福祉及び利益の保護

84	公務災害補償 ……★	168
85	勤務条件に関する措置の要求──①制度の意義 ……★★★	170
86	勤務条件に関する措置の要求──②要求者及び対象等 ……★★	172
87	勤務条件に関する措置の要求──③要求者及び対象等 ……★★	174
88	勤務条件に関する措置の要求──④要求者及び対象等 ……★★	176
89	不利益処分に関する審査請求──①申立者及び判定の効力 ……★★	178
90	不利益処分に関する審査請求──②手続及び内容等 ……★★	180
91	不利益処分に関する審査請求──③対象及び申立者 ……★★★	182
92	不利益処分に関する審査請求──④対象及び処分説明書等 ……★★	184
93	不利益処分に関する審査請求──⑤審査機関の判定 ……★	186

94 不利益処分に関する審査請求──⑥勤務条
件に関する措置の要求との差異 ……………★★ *188*

職 員 団 体

95 職員団体──①結成及び権利等 ……………★★★ *190*
96 職員団体──②登録団体 ………………………★ *192*
97 職員団体──③登録 ……………………………★★ *194*
98 職員団体──④交渉権……………………………★★★ *196*
99 職員団体──⑤職員の行為の制限 ………………★★ *198*
100 職員団体──⑥団体交渉 ………………………★★ *200*
101 職員団体──⑦団体交渉 ………………………★★ *202*

法令名略称

憲法……………日本国憲法（昭21）
法………………地方公務員法（昭25法261）
自治法…………地方自治法（昭22法67）
自治令…………地方自治法施行令（昭22政令16）
育児休業法……地方公務員の育児休業等に関する法律（平3法110）
地公企法………地方公営企業法（昭27法292）
地公労法，地方公営企業労働関係法………地方公営企業等の労働関係に関する法律（昭27法289）

〈 〉の条文引用表記について

平成29年地方公務員法の改正条文については施行日が2020年4月1日となるため，本書では，改正前条文は（ ）の冒頭に示し，改正後の条文は〈 〉で示しています。

例（法22条2項〈22条の3・1項〉）

頻出ランク付・昇任試験シリーズ3

地方公務員法 101 問

Q1 地方公務員制度の基本理念

★★

地方公務員制度の基本理念に関する記述のうち妥当なのは，次のどれか。

1 公務員は全体の奉仕者であり，公私にわたって公共の利益のために，全力をあげて専念しなければならない。
2 成績主義の原則は，能率的な行政運営を保障し，住民の福祉の増進に当たって最小の経費で最大の効果をあげるためにある。
3 全体の奉仕者である公務員は，その公共性のゆえに，憲法28条にいう勤労者には含まれない。
4 政治的中立性は公正な行政運営を確保するものであり，職員の政治への影響を禁ずるとともに政治から職員を保護するものである。
5 公務員の労働基本権は，公務員が全体の奉仕者であることから必然的に制限されるものである。

地方公務員制度の基本理念としくみ——3

| 正解チェック欄 | 1回目 | 2回目 | 3回目 | |

1　誤り。憲法15条2項は「すべて公務員は全体の奉仕者であって，一部の奉仕者ではない」と定め，これをうけて法30条では「すべて職員は，全体の奉仕者として公共の利益のために勤務」すると規定している。しかし，続けて同条に「且つ，職務の遂行に当っては全力を挙げてこれに専念しなければならない」ともあるように，公務に従事する関係においては法的規制をうけるが，市民としての私生活にまで拘束，干渉が及ぶものではない。

2　誤り。成績主義（メリット・システム）の原則は，猟官主義（スポイルズ・システム）に対立するもので，政治的党派的利益の影響や官職の私物化等の弊害に対し，客観的な職員の能力評価を行うことで行政の中立性，継続性，安定性を維持するためにある。

3　誤り。日本国憲法下において，公務員は，法令等の定めにより労務を提供し，その対価として報酬をうける勤労者であり，憲法28条にいう勤労者に含まれる。しかし，その公共性などのために，私企業の勤労者とは異なった制限をうけることがある。

4　正しい。政治的中立性には，公正な行政運営を確保する側面と，職員への政治の影響をなくし職員の利益を保障する側面とがある。法36条5項にも「職員の政治的中立を保障することにより，地方公共団体の行政及び特定地方独立行政法人の業務の公正な運営を確保するとともに職員の利益を保護することを目的とする」と規定されている。

5　誤り。公務員も憲法28条にいう勤労者であり，原則として労働基本権が保障される。しかし，法令上は大幅な制限をうけ，法37条により争議行為は禁じられている。判例はこれを合憲としているが，その理由は，「公務員の全体の奉仕者性，職務の公共性，勤務条件法定主義の存在などにより，制限はやむをえないといわなければならない（最判昭51.5.21）」からであるとする。

正解　4

Q2 地方公務員法の法体系

★

地方公務員法の法体系に関する記述のうち妥当なのは，次のどれか。

1 地方公務員法は，行政委員会の委員とその補助職員の設置を定めている。
2 地方公務員法は，人事行政に関する根本基準を確立するために定められた基本法であり，すべての一般職の地方公務員に適用され特例はない。
3 地方公務員法は，地方公共団体の行政の民主的かつ能率的な運営を保障し，もって地方自治の本旨の実現に資することを目的としている。
4 地方公務員法は，人事委員会の設置，職員の定数，職員の給与，勤務時間等に関する事項を定めている。
5 地方公務員法は，一般職と特別職の区分を定めるとともに，特別職に属する者の定数，任命の方法，任期，兼業の禁止，離職等について規定している。

| 正解チェック欄 | 1回目 | 2回目 | 3回目 | A |

1 誤り。地方公務員法は，地方公務員の身分に関する取扱いを定めた身分法である。行政委員会とその補助職員の設置については，地方公務員の設置を定める組織法としての地方自治法などで定められている。

2 誤り。地方公務員法は，人事行政に関する根本基準を確立するために定められた基本法であり（法1条），一般職に属するすべての地方公務員に適用する（法4条1項）としているが，法57条で特例を認めている（公立学校の教職員，単純な労務に雇用される者など）。ただし，その特例は，法1条の精神に反するものであってはならないとする。

3 正しい。地方公務員法は，人事行政の根本基準を確立することにより，出題文のとおりの内容を目的としている（法1条）。

4 誤り。地方公務員法は職員の定数等は定めていない。法5条では，条例で，職員に適用される基準の実施その他職員に関する事項について必要な規定を定めるものとしている。

5 誤り。地方公務員法は，一般職と特別職の区分を定めているが（法3条），この法律の規定は一般職に適用されるもので，法律に特別の定めのある場合を除くほか，特別職に属する地方公務員には適用されない（法4条2項）。

なお，平成15年の法改正により，地方公務員は，地方公共団体及び特定地方独立行政法人のすべての公務員をいうとされている（法3条）。

正解　3

Q3 一般職と特別職──①区分の基準

★★★

一般職と特別職に関する記述のうち妥当なのは，次のどれか。

1 一般職も特別職もともに終身職としての性格を有する。
2 一般職も特別職も，成績主義の原則に基づき，任用は受験成績，勤務成績その他の能力の実証に基づいて行われなければならない。
3 一般職とは異なり，特別職には地方公務員法の規定は一切適用されない。
4 住民は，地方自治法の定めるところにより，その属する普通地方公共団体のすべての特別職の解職を請求する権利を有する。
5 特別職は地方公務員法上列挙されているが，ある職が特別職であるかどうか分明でないときは，任命権者が決定する。

地方公務員の種類──7

正解チェック欄　1回目　2回目　3回目　**A**

1 誤り。終身職であるか否かは，一般職と特別職を区分する場合の基準になっている。一般職は身分が法律によって保障されてもいるように，通常終身職とされる。これに対し，特別職は一定の任期，雇用期間に限って就任又は任用されることが前提となっている。

2 誤り。成績主義の原則の適用の有無も，一般職と特別職を区分する際の基準とされている。一般職には成績主義の原則が全面的に適用されることが前提になっている。特別職の場合には，住民の選挙，議会の議決，任命権者の特別の信任又は特別の知識経験等によって就任又は任用され，必ずしも成績主義の原則が前提にはなっていない。

3 誤り。法4条2項に「この法律の規定は，法律に特別の定がある場合を除く外，特別職に属する地方公務員には適用しない」とある。特別の定めとしては，例えば，法9条の2があり，特別職である人事委員会の委員及び公平委員会の委員に法の一部の規定が適用されている。

4 誤り。特別職である議会の議員，副知事若しくは指定都市の総合区長，副市町村長，選挙管理委員，監査委員，公安委員等に対しては，地方自治法の定めるところにより，解職を請求する権利が認められている（自治法80条，86条）。また，教育長又は教育委員会の委員に対しても解職を請求することができる（地方教育行政の組織及び運営に関する法律8条）。しかし，解職請求権はすべての特別職に及ぶものではない。

5 正しい。特別職は法3条3項に列記されており，特別職に属する職以外の一切の職は一般職であるとしている（法3条2項）。しかし，それでもある職が特別職であるかどうか明らかでない場合は，任命権者が決定すると解されている。

正解　5

Q4 一般職と特別職──②平成29年法改正

★★

従来の地方公務員法上，特別職の地方公務員に該当するものと解され，同法の適用が制限されていたが，平成29年法改正で新たに特別職から一般職へ移行するとされたものは，次のどれか。

1　失業対策事業のため雇用された監督員
2　都労働委員会の非常勤の委員
3　明るい選挙推進協会委員
4　非常勤の公民館長
5　教育委員会の教育長

正解チェック欄　1回目　2回目　3回目　

1　誤り。失業対策事業のために雇用された者のうち，特別職にあたるのは，技術者，技能者，監督者及び行政事務を担当する者以外のものの職である（法附則21項）。しかし，この条文は平成29年法改正により削除される（2020（平成32）年4月1日施行）。

2　誤り。都道府県労働委員会の委員の職で常勤のものを特別職としている。（法3条3項2号の2）

3　誤り。明るい選挙推進協会委員は，地方公務員ではないとされているので（行実昭43.6.20），当然特別職の地方公務員に該当するものではない。あくまでボランティアである。

4　正しい。公民館長については，常勤のものは一般職，非常勤のものは特別職であるとされてきた（行実昭26.3.1）。平成29年改正法により，特別職から一般職に移行することとなる（2020（平成32）年4月1日施行）（「会計年度任用職員制度の導入等に向けた事務処理マニュアル（第2版）」総務省）。

5　誤り。「教育長」は，地方公共団体の長が議会の同意を得て任命する職であり，特別職の身分のみを有する（法3条3項1号）。

正解　4

平成29年法改正による特別職非常勤職員の任用の適正確保

平成29年改正により，特別職非常勤職員を定めた法3条3項3号は，次の通り下線部が追加され「臨時又は非常勤の顧問，参与，調査員，嘱託員及びこれらに準ずる者の職（専門的な知識経験又は識見を有する者が就く職であつて，当該知識経験又は識見に基づき，助言，調査，診断その他総務省令で定める事務を行うものに限る。）」となる。

さらに，法3条3項3号のあとに「3の2　投票管理者，開票管理者，選挙長，選挙分会長，審査分会長，国民投票分会長，投票立会人，開票立会人，選挙立会人，審査分会立会人，国民投票分会立会人その他総務省令で定める者の職」が，新たに追加された。これらの施行は，2020（平成32）年4月1日である。

Q5 一般職と特別職──③就任の条件

★★

一般職と特別職に関する記述のうち誤っているのはどれか。

1 特別職地方公務員について，法律で特別の定めのない限り地方公務員法の適用がないのは，同法が職業的，専門的公務員として継続的に行政事務を行わせる一般職公務員について，成績主義の原則等を定めている同一法体系に編入することが不合理であるからである。

2 地方公務員法第12条第2項の規定によれば，人事委員に人事委員会事務局長の職を兼ねさせることができるが，その場合職につくことと身分とは不可分であるので，当該委員は一般職に関する地方公務員法の適用をも受けることとなる。

3 特別職地方公務員の身分取扱いについては，地方公務員法の適用もなく，地方自治法など他の法令の定めもないので，任命権者が適宜に定め，特別職に就く者がこれに同意して任命又は雇用されれば，公法上の勤務関係又は雇用関係を規律するものとして有効である。

4 地方公共団体において，単純な労務に雇用される者は一般職地方公務員であるが，その職務と責任の特殊性により，服務等については地方公務員法の特別法として地方公営企業労働関係法の規定が適用されている。

5 民生委員は，厚生労働大臣が委嘱するものであり，名誉職で無報酬であるため公務員に該当しないと考えられがちであるが，その職務内容，経費の支弁者及び都道府県知事（指定都市の市長）の指揮監督を受けることなどから，特別職地方公務員とされている。

| 正解チェック欄 | 1回目 | 2回目 | 3回目 | A |

1　正しい。一般職の職員は、成績主義の原則の適用を受ける職業的、専門的公務員として、継続的に事務に従事することが予定されている。これに対し、特別職は、その職の特性や選任の方法の特性のあるもの、一定の知識経験に基づいて適材を得る必要があるもの、また、特別な信任関係によって職に就くことを予定しているものなどであるため、一般職と同一法体系に編入することは不適当であるとされる。

2　正しい。法12条2項の規定により人事委員会の委員が事務局長の職を兼ねた場合、委員の職は特別職であるが、事務局長の職は一般職に属するから、事務局長たる地位について地方公務員法の適用がある（行実昭26.2.24）。

3　誤り。特別職の地方公務員についても、身分法として地方自治法などの定めがある。特別職の身分取扱いについては、地方自治法附則5条、9条に基づく地方自治法施行規程が今日でも有効と解されており、特別職の懲戒処分の根拠規定とされている。

4　正しい。一般職の地方公務員のうち、その職務と責任の特殊性に基づいて特例を必要とするものについては、法57条の規定により特例法が適用される。単純な労務に雇用される者については、地方公営企業労働関係法の規定が適用されている（同法附則5項）。

5　正しい。民生委員は、都道府県知事の推薦によって厚生労働大臣が委嘱することとされ（民生委員法5条1項）、給与の支給のない（民生委員法10条）名誉職的なものであるが、非常勤特別職の地方公務員とされる（行実昭26.8.27）。

正解　3

Q6 一般職と特別職——④就任の条件

★

一般職と特別職に関する記述のうち妥当なのは，次のどれか。

1 原則としてメリット・システム及び終身職制が妥当しない職が特別職で，それ以外の職は一般職とされ，後者については定数条例でその数を決めなければならないが，前者についてはその必要はない。
2 特別職には，その就任について地方公共団体の議会の同意を必要とする職があり，例として副知事及び副市町村長があげられる。
3 ある職が一般職に属するか特別職に属するかについては，人事委員会が決定する。
4 職員に対して給料が支給されるか報酬が支給されるかは，一般職か特別職かによって決められ，一般職の職員については給料が支給されるが，特別職の職員については報酬が支給される。
5 特別職は，受験成績や勤務成績などの能力実証に基づいて任用される職であり，地方公務員法の成績主義の原則が全面的に適用される。

正解チェック欄　　1回目　2回目　3回目　　A

1　誤り。特別職は原則としてメリット・システム（成績主義）及び終身職制が該当しないとされている点は正しいが，特別職には，議会の議員，副知事及び副市町村長，監査委員など法律に基づいて条例でその定数を定めなければならないものがある。

2　正しい。特別職には，就任について公選又は地方公共団体の議会の選挙，議決若しくは同意によることを必要とする職がある（法3条3項1号）。副知事及び副市町村長は議会の同意を要する特別職の例に該当する（自治法162条）。

3　誤り。ある職が一般職であるか特別職であるかの決定権は，国家公務員の場合は人事院にあるが（国家公務員法2条4項），地方公務員にはこの種の規定がなく，任命権者が決定することになると解されている。

4　誤り。給与とは，職員の勤務に対する反対給付をいう。給与のうち正規の勤務時間の勤務に対するものが給料であり，その他の給付が手当にあたる。常勤の職員には，一般職と特別職とを問わずに条例で定める給料を支給しなければならない（自治法204条1項，3項）。また，非常勤の職員に対しては，報酬を支給しなければならない（自治法203条の2・1項）。

5　誤り。成績主義の原則の適用が必ずしも前提になっていないのが特別職の地方公務員である。これに対し，一般職の地方公務員には成績主義の原則が全面的に適用される。

正解　2

Q7 任命権者

★★★

任命権者に関する記述のうち妥当なのは，次のどれか。

1 任命権者は，その権限の一部を補助機関でない者に対しても委任することができる。
2 任命権者からその任命権の委任を受けた者は，受任者の名と責任において権限を行使することができる。
3 任命権者からその任命権の委任を受けた者は，必要があれば，その権限を他の者に委任することができる。
4 任命権者は，その任命権の一部を補助機関の上級の地方公務員たる一般職に限り委任することができる。
5 任命権者は，委任した任命権に対し，自らも権限を行使することができる。

| 正解チェック欄 | 1回目 | 2回目 | 3回目 | **A** |

　法6条1項では任命権者を列挙しているが，これは例示であり，ほかにも法令等に基づいて任命権者が存在する。任命権者は，職員の任命，人事評価，休職，免職及び懲戒等を行う権限を有し，具体的な任命権の内容は，法律，条例，規則等によって定められている。

　これらの任命権者は，任命権の一部をその補助機関たる上級の地方公務員に委任することができる（法6条2項）。任命権の委任は，組織管理の上から権限と責任を**補助機関**に配分することによって，事務の能率化と簡素化を考慮したものであるとされるが，他方，職員の身分取扱い上重大な影響を及ぼすものであることも考慮しなければならない。

1　誤り。任命権の委任は，補助機関である上級の地方公務員に対してなされるものである（法6条2項）。
2　正しい。任命権の委任は，いわゆる公法上の委任であり，委任が行われたかぎりにおいて，委任者の権限は受任者に移転する。
3　誤り。受任者が任命権を他の者にさらに複委任することはできない（行実昭27.1.25）。
4　誤り。上級の地方公務員には，一般職に限らず特別職も含まれる。なお，どのような者が上級の地方公務員にあたるかについては，地方公共団体の実態と社会通念によって相対的に判断すべきであるとされている。
5　誤り。任命権の委任は公法上の委任であり，委任者の権限は受任者に移転する。このため，任命権者が任命権の一部を委任してしまえば，それに対してはもはや権限を行使することはできない。

正解　2

補助機関

　行政庁（知事及び市町村長）を補助する権限を与えられた行政機関のことをいう。副知事・副市町村長，会計管理者，部長，課長，その他の職員などがこれにあたる。

Q8 人事委員会及び公平委員会——①共同設置・委託

★

人事委員会及び公平委員会に関する記述のうち妥当なのは，次のどれか。

1 人事委員会の共同設置は，都道府県相互間ではできないが地方自治法第252条の19第1項の指定都市相互間ではできる。

2 特別区は，単独で人事委員会又は公平委員会のいずれかを選択して設置することはできないが，共同して人事委員会又は公平委員会を設置することはできる。

3 公平委員会を設置する地方公共団体相互間では公平委員会の事務を委託することはできるが，公平委員会の共同設置をすることはできない。

4 地方自治法第252条の19第1項の指定都市以外のすべての市は，単独で人事委員会を設置することはできるが，共同して公平委員会を設置することはできない。

5 公平委員会を設置する地方公共団体が，公平委員会の事務の委託ができるのは他の地方公共団体の人事委員会に対してであり，公平委員会に対してではない。

| 正解チェック欄 | 1回目 | 2回目 | 3回目 | **A** |

1 誤り。人事委員会の共同設置は，地方自治法252条の7に定める機関の共同設置の一つの場合にあたる。したがって，都道府県相互間あるいは**指定都市**相互間でなければならないといった制限はない。

2 誤り。都の特別区は，人事委員会，公平委員会のいずれも設置できる（法7条2項）。現在特別区は人事委員会を共同で設置している。

3 誤り。公平委員会を置く地方公共団体は，公平委員会を置く他の地方公共団体と共同して公平委員会を置くことができるが，公平委員会を置く地方公共団体相互間で公平委員会の事務を委託することはできない（法7条4項）。

4 誤り。指定都市は人事委員会の設置を義務づけられている（法7条1項）。指定都市以外の市の場合，人口15万人以上の市及び特別区は人事委員会又は公平委員会を置くことができ（法7条2項），人口15万人未満の市は公平委員会を置くものとされる（法7条3項）。また，公平委員会を置く市は，他の公平委員会を置く市と共同して公平委員会を設置することができる（法7条4項）。

5 正しい。公平委員会を置く地方公共団体は，他の地方公共団体の人事委員会に委託して法8条2項に規定する公平委員会の事務を処理させることができると定められており（法7条4項），他の地方公共団体の公平委員会に対してではない。

正解 5

指 定 都 市

人口50万以上の市で政令で指定するものを指定都市といい現在，大阪市，名古屋市，京都市，横浜市，神戸市，北九州市，札幌市，川崎市，福岡市，広島市，仙台市，千葉市，さいたま市，静岡市，堺市，新潟市，浜松市，岡山市，相模原市，熊本市の20市があり，ほぼ府県並みの行財政権限をもつ。

Q 9 人事委員会及び公平委員会——②委員の条件

★

人事委員会の委員に関する記述のうち妥当なのは，次のどれか。

1 人事委員会の委員は，地方公共団体の長により議会の同意を得て選任されるが，心身の故障のため職務の遂行に堪えないと認められるときは，議会の同意を得ることなく罷免される。

2 人事委員会の委員は，当該地方公共団体の議会の議員とは兼職することができるが，当該地方公共団体の職員とは兼職することができない。

3 人事委員会の委員は，営利企業への従事等の制限の規定の適用を受けないが，職務専念義務の規定の適用は受ける。

4 人事委員会の委員は，常勤，非常勤のいずれとすることも可能であるので，3人の委員のうち1人を常勤とし2人を非常勤とすることもできる。

5 人事委員会の委員のうち，1人の委員がすでにある政党に所属している場合に，他の1人の委員が同じ政党に新たに加入したときは，この2人とも罷免される。

| 正解チェック欄 | 1回目 | 2回目 | 3回目 | **A** |

1　誤り。人事委員会の委員は，人格が高潔で，地方自治の本旨及び民主的で能率的な事務の処理に理解があり，かつ人事行政に関し識見を有する者のうちから，議会の同意を得て，地方公共団体の長が選任する（法9条の2・2項）。その委員が心身の故障のため職務の遂行に堪えないと認められるときは，やはり議会の同意を得て罷免される。この場合，議会の常任委員会又は特別委員会において公聴会を開かなければならない（法9条の2・6項）。

2　誤り。人事委員会の委員は，地方公共団体の議会の議員及び当該地方公共団体の地方公務員と兼職することができない（法9条の2・9項）。これは，職務の政治的中立性と公平事務を処理する場合の公平性を確保するためである。

3　誤り。常勤の人事委員会の委員は，営利企業への従事等の制限の規定及び職務専念義務の規定の適用を受けるが，これに対して，非常勤の人事委員会の委員は，いずれの規定の適用をも受けない（法9条の2・12項）。

4　正しい。人事委員会の委員は，常勤又は非常勤とする（法9条の2・11項）とのみ定められており，例えば，3人の委員のうち1人を常勤とし，2人を非常勤とすることもできる。

5　誤り。人事委員会の委員のうち，2人以上が同一の政党に属することとなった場合においては，これらの者のうち1人を除く他の者が罷免されると定められており（法9条の2・5項），同一政党に2人が所属したときに，この2人とも罷免されるわけではない。

正解　4

20──人事機関

Q 10 人事委員会及び公平委員会──③委員の条件

★

人事委員会及び公平委員会に関する記述のうち妥当なのは，次のどれか。

1 公平委員会の事務の委託を受けた地方公共団体の人事委員会の委員は，当該事務の処理を委託した地方公共団体の特別職の地方公務員の職を兼ねることができない。

2 人事委員会又は公平委員会の委員がその職務上知り得た秘密を漏らしたことにより刑に処せられたときは，地方公共団体の長は議会の同意を得てその委員を罷免しなければならない。

3 都道府県及び指定都市の人事委員会には必ず事務局を置き，その他の人事委員会には事務局を置くことができ，その組織は条例で定めることとされているが，公平委員会には，事務局を置くこととはされていない。

4 人事委員会は，勤務条件に関する措置の要求及び不利益処分に関する審査請求の事務を処理する場合に限って証人を喚問し，又は書類若しくはその写しの提出を求めることができる。

5 人事委員会の委員のうち，1人の委員が属している政党に他の委員が属することとなった場合には，地方公共団体の長は政党所属関係の異動があった委員を議会の同意を得て罷免しなければならず，この場合においては議会はその委員会において公聴会を開かなければならない。

| 正解チェック欄 | 1回目 | 2回目 | 3回目 | |

1 正しい。法7条4項の規定により公平委員会の事務の処理の委託を受けた地方公共団体の人事委員会の委員については，他の地方公共団体に公平委員会の事務の処理を委託した地方公共団体の地方公務員の職を兼ねることができない（法9条の2・9項）。ここでいう地方公務員には特別職も含まれる。

2 誤り。人事委員会又は公平委員会の委員が職務上知り得た秘密を漏らしたことにより刑に処せられた場合は，法16条の欠格条項の4号に該当するため，法9条の2・8項に基づきその職を失う。つまり，罷免事由ではなく失職事由に該当することになる。

3 誤り。都道府県及び指定都市の人事委員会は事務局を置き，指定都市以外の市で人口15万人以上のもの及び特別区で人事委員会を設置するところは，事務局を置くか又は事務職員のみを置くことができるとされている（法12条1項，4項）。事務局を置いた場合，その組織は人事委員会が定めることになっている（法12条8項）。また，公平委員会には事務職員を置くとされている（法12条5項）。

4 誤り。人事委員会が証人を喚問し，又は書類若しくはその写しの提出を求めることができるのは，法律又は条例に基づくその権限の行使に関し必要があるときである（法8条6項）。勤務条件に関する措置の要求及び不利益処分に関する審査請求の事務を処理する場合に限られるものではない。

5 誤り。人事委員会の委員のうち2人以上が同一の政党に属することになった場合には，地方公共団体の長は，政党所属関係について異動のあった者を議会の同意を得て罷免することになる。この際には議会において公聴会を開く必要はない（法9条の2・5項）。

正解　1

Q11 人事委員会及び公平委員会──④権限

★

次の事項のうち人事委員会の権限でないものはどれか。

1 人事委員会勧告に伴う給与改定予算における議会提案の事前審査。
2 職員の勤務条件に関する条例の改正に関する意見の申し出。
3 選考職として指定された課長以上の職への昇任選考。
4 職員の研修に関する計画の立案その他研修の方法についての勧告。
5 執務環境改善についての措置要求の審査。

| 正解チェック欄 | 1回目 | 2回目 | 3回目 | A |

人事委員会の権限をその性質により分類すると，(1)行政的権限，(2)準立法的権限，(3)準司法的権限，の3つに分けることができる。なお，公平委員会も人事委員会と同様に3種類の権限を有しているが，準司法的権限が同一であるのに対し，行政的権限と準立法的権限はその範囲が限定されている。

1 人事委員会の権限に属さない。人事委員会は，給与に関して勧告することができるが（法8条1項5号，26条），その勧告に伴う給与改定予算における議会提出予算の事前審査を行うことはできない。

2 人事委員会の権限に属する。人事委員会は，人事機関及び職員に関する条例の制定又は改廃に関し意見を申し出ることができる（法8条1項3号）。

3 人事委員会の権限に属する。人事委員会は，職員の競争試験及び選考並びにこれらに関する事務を行うとされている（法8条1項6号）。

4 人事委員会の権限に属する。人事委員会は，研修に関する計画の立案その他研修の方法について任命権者に勧告することができる（法39条4項）。

5 人事委員会の権限に属する。人事委員会は，勤務条件に関する措置の要求を審査する（法8条1項9号，47条）。

正解 1

Q 12 人事委員会及び公平委員会──⑤権限

★

次の事項のうち人事委員会の権限でないものはどれか。

1 管理職員等の範囲を定める規則を制定すること。
2 勤務条件の措置要求の審査をすること。
3 給料表について議会及び長に報告又は勧告すること。
4 労働基準の監督を行うこと。
5 公務災害補償の決定に対する不服審査をすること。

| 正解チェック欄 | 1回目 | 2回目 | 3回目 | **A** |

1 人事委員会の権限に属する。法52条4項で，管理職員等の範囲は人事委員会規則又は公平委員会規則で定める，と規定されている。
2 人事委員会の権限に属する。法8条1項に列挙する人事委員会の権限の一つとして，勤務条件に関する措置要求の審査がある（9号）。また，法47条においても，法46条に基づいて勤務条件に関する措置の要求が人事委員会になされたときは，その審査を行うべき旨を定めている。
3 人事委員会の権限に属する。給料表に関する報告等については法26条に規定されている。人事委員会は，毎年少なくとも1回，給料表が適当であるかどうかについて，議会及び長に同時に報告する。また，給与を決定する諸条件の変化により，給料表に定める給料額を増減することが適当であると認めるときは，あわせて適当な勧告をすることができる。
4 人事委員会の権限に属する。労働基準監督機関の職権の行使は人事委員会が行う（法58条5項）。
5 人事委員会の権限に属さない。地方公務員の公務災害補償については，法45条の規定をうけ地方公務員災害補償法が定められている。この法律は，常時勤務に服することを要する地方公務員を対象とする。補償の決定をするのは地方公務員災害補償基金の支部長であり，その決定に対して不服のある者は，地方公務員災害補償基金支部審査会に審査請求を行うことができる。

正解 5

Q 13 人事委員会及び公平委員会——⑥権限

★★★

人事委員会及び公平委員会に関する記述のうち妥当なのは，次のどれか。

1　人事委員会の勧告権限には，強制力はないが，地方公共団体の長及び議会に対して道義的な拘束力を有する。
2　人事委員会の規則制定権は，法律に基づき，その権限に属するものとされている事項に限られている。
3　人事委員会のすべての権限は，それが合理的である限り，当該地方公共団体の機関等に委任することができる。
4　人事委員会が有する権限は，任命権者から独立した人事行政機関としての機能を果たすもので，公平委員会も同様な権限を有している。
5　人事委員会が保有する権限として，証人の喚問及び書類の提出要求権が認められているが，この権限は公平委員会には認められていない。

| 正解チェック欄 | 1回目 | 2回目 | 3回目 | A |

1 正しい。人事委員会には，人事行政の運営に関して勧告権限が認められ（法8条1項4号），具体的には，給与（法26条），研修（法39条），勤務条件の措置の要求に対する審査の結果に基づく必要な措置（法47条）に関して勧告等が規定されている。いずれの場合もその勧告は，法律上議会及び長を拘束するものではない。しかし，勧告を受けた機関はこれを尊重すべき道義的責任を負う。

2 誤り。人事委員会の規則制定権は，法律に基づくだけではなく，条例に基づきその権限に属するものとされた事項にも及ぶ（法8条5項）。

3 誤り。人事委員会の権限の委任を規定する法8条3項において，勤務条件の措置の要求の審査に関する権限，不利益処分に関する審査請求の審査に関する権限及び人事委員会の規則制定権（法8条5項）を，委任できるものから除外している。また，人事行政の運営に関し任命権者に勧告する権限や職員に関する条例について議会に意見を述べる権限などは，その性質上委任することはできないと解される。

4 誤り。公平委員会の権限は，人事委員会の権限に比較してその範囲が限定されている。その差異は行政的権限及び準立法的権限にある。

5 誤り。法律又は条例に基づくその権限の行使に関し必要があるときは，人事委員会及び公平委員会ともに，証人を喚問し，又は書類若しくはその写しの提出を求めることができる（法8条6項）。

正解 1

Q14 人事委員会及び公平委員会——⑦設置・権限

★

人事委員会及び公平委員会に関する記述のうち妥当なのは，次のどれか。

1 人事委員会は，都道府県，地方自治法上の指定都市及び指定都市以外の人口15万以上の市においては必置の機関であり，また人事委員会を置く地方公共団体は他の地方公共団体と共同して人事委員会を設置することができる。

2 人事委員会は，行政的権限のほか準立法的権限及び準司法的権限を有し，また規則制定権，勤務条件に関する措置要求の審査の権限及び不利益処分に関する審査請求の審査の権限を当該地方公共団体の他の機関に委任することはできない。

3 人事委員会又は公平委員会は，法律又は条例に基づく権限の行使に関し，判断の基礎となる資料を得るため，証人を喚問することはできないが，関係者から書類又はその写しの提出を求めることができる。

4 公平委員会は，人口15万未満の市，町及び村においては必置の機関であり，公平委員会を置く地方公共団体は他の地方公共団体と共同して公平委員会を設置することはできない。

5 公平委員会は，その権限が給料表に関する報告及び勧告等の行政的権限に限定されており，公平委員会の事務を他の地方公共団体の人事委員会に委託して処理することはできない。

| 正解チェック欄 | 1回目 | 2回目 | 3回目 | A |

1 誤り。人事委員会は，都道府県及び自治法上の指定都市においてはその設置が義務づけられているが（法7条1項），指定都市以外の人口15万人以上の市及び特別区においては任意に設置することができる（法7条2項）。ただし，人事委員会を置かない場合は公平委員会を置く必要がある。また，人事委員会の共同設置については，自治法252条の7から252条の13による。

2 正しい。人事委員会の権限を性質によって分類すると，行政的権限，準立法的権限及び準司法的権限に分かれる。また，人事委員会の権限の委任を定める法8条3項では，出題文に記す3つの権限を委任できるものから除外している。

3 誤り。人事委員会及び公平委員会は，その権限の行使に関して必要があるときは，書類又はその写しの提出を求めることができるばかりでなく，証人を喚問することもできる（法8条6項）。これは，権限行使にあたって，判断の基礎となる資料を確保するために認められた権限である。

4 誤り。公平委員会を置く地方公共団体は，公平委員会を置く他の地方公共団体と共同して公平委員会を設置することができる（法7条4項）。

5 誤り。公平委員会の権限は，人事委員会の権限と同じように，行政的権限，準司法的権限及び準立法的権限にわたっている。しかし，人事委員会に比較して，行政的権限と準立法的権限の範囲が限定されている。また，公平委員会の事務を他の地方公共団体の人事委員会に委託して処理することは可能である（法7条4項）。

正解　2

Q 15 人事委員会及び公平委員会——⑧権限

★★

人事委員会及び公平委員会に関する記述のうち妥当なのは，次のどれか。

1 職員から提出された給与，勤務時間その他の勤務条件に関する措置の要求を審査し，判定し，必要な措置を執る権限は，人事委員会は有するが公平委員会は有しない。

2 人事機関及び職員に関する条例の制定又は改廃に関し，地方公共団体の議会及び長に意見を申し出る権限は，人事委員会及び公平委員会のいずれもが有する。

3 管理職員等と管理職員等以外の職員とは同一の職員団体を組織することができず，この管理職員等の範囲の決定権限は，人事委員会は有するが公平委員会は有しない。

4 法律又は条例に基づく権限の行使に関し必要があるときに，証人を喚問し又は書類若しくはその写しの提出を求める権限は，人事委員会及び公平委員会のいずれもが有する。

5 登録を受けた職員団体が職員団体でなくなったときに，当該職員団体の登録の効力を停止し又は取り消す権限は，人事委員会は有するが公平委員会は有しない。

人事機関——31

| 正解チェック欄 | 1回目 | 2回目 | 3回目 | A |

1 誤り。人事委員会及び公平委員会ともに，職員の給与，勤務時間その他の勤務条件に関する措置の要求を審査し，判定し，必要な措置をとる権限を有する（法8条1項9号，2項1号，47条）。準司法的権限に関しては，人事委員会と公平委員会は同一の権限をもっている。

2 誤り。人事機関及び職員に関する条例の制定又は改廃に関し，議会及び長に意見を申し出る権限は，人事委員会のみの権限であり，公平委員会の権限には属さない（法8条1項3号）。行政的権限については，公平委員会の権限の及ぶ範囲は少ない。

3 誤り。管理職員等の範囲は，人事委員会規則又は公平委員会規則で定めるとされており（法52条4項），両委員会とも決定権限を有する。なお，管理職員等と管理職員等以外の職員とは同一の職員団体を組織できないということは正しい（法52条3項）。

4 正しい。人事委員会及び公平委員会ともに，証人を喚問し，書類の提出を求める権限を有する（法8条6項）。この規定に基づき，職員以外の者を証人として喚問することもできるほか，他の官公署，民間の会社等からも書類の提出を求めることができる（行実昭28.6.26）。また，不利益処分に関する審査請求の審査のために，人事委員会又は公平委員会がこの権限を行使しようとした際，正当な理由なく応じなかったりした者に対しては3年以下の懲役又は100万円以下の罰金とする罰則の規定がある（法61条1号）。

5 誤り。登録を受けた職員団体が職員団体でなくなったとき，当該登録団体の登録の効力を停止し又は取り消す権限は，人事委員会及び公平委員会のいずれもが有する（法53条6項）。

正解 4

Q 16 人事委員会及び公平委員会──⑨権限

★

人事委員会及び公平委員会に関する記述のうち妥当なのは，次のどれか。

1 公平委員会は，人事委員会と同様，職員団体の登録等，職員団体に関する権限は有するが，人事委員会と異なり直接労使の紛争を調整する権限は有しない。

2 公平委員会は，人事委員会と異なり労働基準監督機関としての権限を有しないので，その権限は当該市町村長が行使するものとされている。

3 公平委員会は，人事委員会と同様，職員に関する条例の改廃について議会に対し意見を申し出る権限は有しないが，長に対しては申し出ることができる。

4 公平委員会は，人事委員会と同様，それぞれの議会の議決があれば共同設置が許されるが，公平委員会が人事委員会に事務の委託を行うことは許されない。

5 公平委員会は，人事委員会と異なり法的な強制力のある給与制度の改善に関する勧告の権限はなく，職員の給与に関する措置要求の審査権も有しない。

|正解チェック欄| 1回目 | 2回目 | 3回目 | **A**

1 誤り。労使間の紛争は，労使双方の自主的な努力によって調整を行うことが原則であり，人事委員会が直接労使の紛争を調整する権限を有するわけではない。しかし，労使間の交渉が不調に終わり，職員団体に不服があるときは，勤務条件に関する措置の要求をすることができる（法46条）。この場合，職員団体自体が措置の要求をすることはできないので（行実昭26.11.21），役員又は構成員が職員の立場で措置の要求を行い，判定や勧告によって調整を行うことになる。この勤務条件に関する措置要求に関しては，人事委員会及び公平委員会いずれもが権限を有する。

2 正しい。労働基準監督機関の職権の行使は，人事委員会のみの権限に属し，公平委員会はこの権限をもたないため，人事委員会を置かない地方公共団体においては，地方公共団体の長が行使する（法58条5項）。

3 誤り。公平委員会は，議会に対しても長に対しても，職員に関する条例の改廃について意見を申し出る権限を有してはいない。

4 誤り。法7条4項により，公平委員会の事務を他の地方公共団体の人事委員会に委託することができる。なお，委員会の共同設置については，公平委員会は法7条4項により，人事委員会は地方自治法252条の7により行う。

5 誤り。人事委員会のみが給与に関する権限を有するが（法8条1項5号，26条），この勧告は法的な強制力をもつものではない。また，職員の給与に関する措置要求の審査権は，人事委員会及び公平委員会のいずれもが有する（法47条）。

正解 2

Q 17 人事委員会及び公平委員会——⑩長との関係

★★★

人事委員会及び公平委員会に関する記述のうち妥当なのは，次のどれか。

1 職員の勤務条件に関する条例を改正する場合，地方公共団体の長はあらかじめ人事委員会と協議することが義務づけられている。

2 職員を採用する場合は，地方公共団体の長は人事委員会の作成した採用候補者名簿に登載された者のうちから採用しなければならない。

3 地方公共団体の長は，人事委員会の不利益処分の判定に不服がある場合，裁判所に出訴することができる。

4 人事評価は任命権者の権限であり，人事委員会は人事評価について，地方公共団体の長に勧告することはできない。

5 人事委員会は，毎年少なくとも1回，給料表が適当であるかどうかについて地方公共団体の長に報告するものとされている。

| 正解チェック欄 | 1回目 | 2回目 | 3回目 | A |

1 誤り。職員に関する条例の制定又は改廃にあたっては，当該地方公共団体の議会において人事委員会の意見を聞かねばならず（法5条2項），人事委員会は議会及び長に意見を申し出ることができる（法8条1項3号）とされてはいるが，長があらかじめ人事委員会と協議することが義務づけられているものではない。

2 誤り。採用候補者名簿に記載されていた者がすべて採用されてしまっていたり，残りの者がすべて採用を辞退したような場合などには，採用候補者名簿がないことになるので，法21条の2・3項に基づき，国又は他の地方公共団体の採用試験又は選考に合格した者を相当する職の選考に合格した者とみなして採用することができる。

3 誤り。人事委員会の不利益処分の判定については，任命権者その他地方公共団体の機関側からは，不服があっても出訴できない（行実昭27.1.9）。

4 誤り。人事委員会は，人事評価の実施に関し任命権者に勧告することができる（法23条の4）。

5 正しい。人事委員会は，毎年少なくとも1回，給料表が適当であるかどうかについて，地方公共団体の議会及び長に同時に報告するものとされている（法26条）。

正解 5

Q 18 人事委員会及び公平委員会──⑪ 人事委員会を置かない地方公共団体

★★

次に掲げる人事委員会の権限のうち，人事委員会を置かない地方公共団体においては任命権者が行うこととされているのはどれか。

1 職階制に関する計画を立案し，及び実施すること。
2 勤務条件に関する措置要求を審査し，必要な勧告をすること。
3 職員の採用について競争試験を行うこと。
4 給料表が適当であるかどうかについて議会に報告すること。
5 職員団体の登録申請書の記載事項及び規約を登録すること。

| 正解チェック欄 | 1回目 | 2回目 | 3回目 | A |

1 誤り。人事委員会を置く地方公共団体は職階制を採用するものとされていたが，平成26年の法改正により職階制は廃止された。
　職階制に代わって，任用の基本原則である成績主義を実現させるために人事評価を重要とし，任命権者は人事評価の結果に応じた職員の処遇等を行うよう新たに人事評価に関する規定が整備され，適切な人事評価を行うこととなった（法23条）。

2 誤り。人事委員会を置かない地方公共団体において，勤務条件に関する措置要求を審査し必要な勧告をするのは公平委員会である。

3 正しい。職員の採用のための競争試験を行うのは人事委員会等であると規定されているが（法18条），人事委員会を置かない地方公共団体の任命権者が，当該地方公共団体の他の任命権者との協議により，これと共同して又はこれに委託して競争試験を行うことはさしつかえないとされている（行実昭36.6.3）。

4 誤り。給料表が適当であるかどうかについて，毎年少なくとも1回，人事委員会は地方公共団体の議会及び長に同時に報告するとされている（法26条）。職員の利益を保護するために中立的機関としての人事委員会に認められたこの権限を，任命権者が行うことはない。したがって，人事委員会を置かない地方公共団体では，給料表について報告する機関はなく，その議会及び長は，**情勢適応の原則**（法14条）に従い適切な措置をとる必要がある。

5 誤り。職員団体の登録申請書の記載事項及び規約を登録するのは，人事委員会又は公平委員会であると規定されている（法53条5項）。人事委員会を置かない地方公共団体においては公平委員会がその権限を行う。

正解 3

情勢適応の原則

職員の勤務条件について，社会一般の情勢に適応するように随時，適当な措置をとるべきことを義務づけている原則。

Q 19 平等取扱いの原則

★★★

地方公務員法上における平等取扱いの原則に関する記述のうち妥当なのは，次のどれか。

1 平等取扱いの原則は，すべての国民について適用されるが，この国民には，外国人は含まれないとされているので，外国人を職員として任用した場合この原則は適用されない。

2 平等取扱いの原則に反して差別をした者は，3年以下の懲役又は10万円以下の罰金に処せられる。

3 平等取扱いの原則は，あらゆる法的な差別を絶対的に禁止する趣旨ではないので，合理的な差別取扱いは差し支えないとされている。

4 日本国憲法又はその下に成立した政府を暴力で破壊することを主張する団体を結成し，又はこれに加入した者であっても，平等取扱いの原則の対象としなければならない。

5 地方公務員法第36条の規定により職員が政治的団体の結成に関与すること及び一定の政治目的の下に一定の政治活動を行うことを服務上の問題として制限しているが，これは国民としての政治活動の自由の原則と基本的に矛盾する。

任　　用── 39

| 正解チェック欄 | 1回目 | 2回目 | 3回目 | |

1　誤り。憲法14条に規定する「法の下の平等」をうけて，法13条において，すべて国民はこの法律の適用について平等に取り扱われなければならないと定めている。この「すべて国民」には，外国人は含まないと解されているが（行実昭26.8.15），日本国籍を有しない者を地方公務員として任用することについて禁止規定はなく可能であり，その場合にはこれを差別して取り扱ってよいという趣旨ではない。なお，地方公務員の職のうち公権力の行使又は地方公共団体の意思の形成への参画にたずさわるものについては，日本国籍を有しない者を任用することはできないと解されている（行実昭48.5.28）。

2　誤り。罰則規定は，1年以下の懲役又は50万円以下の罰金としている（法60条1号）。平成26年法改正によって3万円から50万円の罰金へと金額が引き上げられた。

3　正しい。法13条の平等取扱いの原則は，国民に対し絶対的な平等を保障したものではなく，差別すべき合理的な理由なくして差別することを禁止している趣旨と解すべきであるから，事柄の性格に即応して**合理的と認められる差別的取扱い**をすることは，なんら法の否定するところではない（最判昭39.5.27）。

4　誤り。出題文のケースは法16条5号に該当し，これは平等取扱いの原則の適用から除外されている（法13条）。

5　誤り。判例は，公務員の政治的行為を制限することは憲法に違反しないとしている（最判昭49.11.6）。

正解　3

合理的と認められる差別的取扱い

職員の採用に関し，一般の警察職員を男性，看護婦を女性に限って採用試験を行うことや，へき地勤務職員をその付近に居住する者に限って受験できるとするようなこと（行実昭28.6.26）

Q 20 欠格条項——①法16条の適用

★

次の地方公共団体の一般職の職員A〜Eのうち，欠格条項に該当する者を選んだ組合わせとして妥当なのはどれか。ただし，当該地方公共団体には，職員の欠格条項についての特例を定めた条例はない。

A 医師免許をはく奪された保健所の医師である職員
B 交通事故を発生させて，執行猶予付きの禁錮刑が確定した職員
C 精神上の障害に因り事理を弁識する能力が著しく不十分であるとして，配偶者が保佐開始の審判の請求をした職員
D 政府を暴力で破壊することを主張する団体に加入した単純な労務に従事する職員
E 当該地方公共団体で分限免職の処分を受け，当該処分の日から2年を経過しない臨時的任用の職員

1 A C
2 A D
3 B D
4 B E
5 C E

正解チェック欄	1回目	2回目	3回目	**A**

A 該当しない。医師免許は、医師の職に就くための資格用件ではあるが、それを失ったとしても**法16条に限定列挙された欠格条項**に該当するものではない。したがって、当該職員は、配置転換や降任あるいは分限等の対象にはなるが、欠格条項該当者のように当然にその職を失う（法28条4項）ことにはならない。

B 該当する。禁錮以上の刑が確定した者は、執行猶予が付いていても、執行猶予中は「その執行を受けることがなくなるまでの者」（法16条2号）に含まれ、欠格条項に該当する。

C 該当しない。保佐開始の審判の請求はなされていても、いまだ裁判所の保佐開始の審判はないので、欠格条項には該当しない。

D 該当する。単純な労務に従事する職員であっても法16条の適用を受けるので（法57条、地公労法附則5項、地公企法39条）、政府を暴力で破壊することを主張する団体に加入した者は欠格条項に該当する。

E 該当しない。欠格条項に該当するのは、懲戒免職の処分を受けた者であって、分限免職の処分を受けた者ではない。

正解　3

法16条に限定列挙された欠格条項

一　成年被後見人又は被保佐人
二　禁錮以上の刑に処せられ、その執行を終わるまで又はその執行を受けることがなくなるまでの者
三　当該地方公共団体において懲戒免職の処分を受け、当該処分の日から2年を経過しない者
四　人事委員会又は公平委員会の委員の職にあつて、第60条から第63条までに規定する罪を犯し刑に処せられた者
五　日本国憲法施行の日以後において、日本国憲法又はその下に成立した政府を暴力で破壊することを主張する政党その他の団体を結成し、又はこれに加入した者

Q21 欠格条項──②欠格条項と任用

★

欠格条項に関する記述のうち妥当なのは，次のどれか。

1 禁錮以上の刑に処せられた者は，その執行を終わり又は執行を受けることがなくなっても，地方公共団体の職員となることはできない。

2 欠格条項に該当する者を誤って地方公共団体の職員として任用した場合，その任用は当然に無効であるが，その者に支払われた給料は返還の必要がない。

3 懲戒免職の処分を受けた者は，その処分の日から3年間は，処分を受けた地方公共団体のみならず他の地方公共団体においても職員となることはできない。

4 欠格条項に該当する者を誤って地方公共団体の職員として任用した場合，その任用は取り消さなければならず，その者が職員として行った行為はすべて無効となる。

5 日本国憲法の下に成立した政府を暴力で破壊することを主張する団体から脱退した者は，その脱退の日から2年間は地方公共団体の職員となることはできないが，その後は職員となる資格を回復する。

正　用——43

| 正解チェック欄 | 1回目 | 2回目 | 3回目 | |

1　誤り。欠格条項に該当するのは，禁錮以上の刑に処せられ，その執行を終わるまで又はその執行を受けることがなくなるまでの者であり，その後は地方公共団体の職員になることができる。

2　正しい。欠格条項に該当する者を誤って任用した場合，その任用は当然無効であるとされている。しかし，この間に支給された給与については，その間労務の提供があるので返還の必要はない（行実昭41.3.31）。

3　誤り。懲戒免職の処分を受けても2年を経過していれば職員となることができる。また，懲戒免職処分後2年を経過していなくとも，当該処分を受けた地方公共団体以外の地方公共団体の職員となることはさしつかえない（行実昭26.2.1）。

4　誤り。欠格条項該当者を誤って職員に任用したとき，その任用は取り消しをまたずに当然に無効である。しかし，この間その者の行った行為は，事実上の公務員の理論により，その行為の効力は妨げられず有効であると解されている（行実昭41.3.31）。

5　誤り。日本国憲法の下に成立した政府を暴力で破壊することを主張する団体に加入している者は，地方公共団体の職員になることはできない。2年間という経過期間を設けているのは，懲戒免職処分を受けた者に対する規定である。

正解　2

Q 22 任用——①成績主義の原則

★★

地方公務員法はその第15条で「成績主義の原則」を明示しているが，この原則の目的として妥当なのは，次のどれか。

1 公務を国民全体のものとするため，広く一般国民に公開する。
2 職員の任用に直接住民の意思を反映させ，行政の安定性，能率性を確保する。
3 公務に有能な人材を確保し，職員の任用に党派的情実が介入することを防ぐ。
4 職員の政治的中立性を保障することにより，職員の利益を保護する。
5 公務と私生活の分離により，職員に全体の奉仕者としての観念をうえつける。

| 正解チェック欄 | 1回目 | 2回目 | 3回目 | A |

地方公務員法は15条で，任用の根本基準として「成績主義の原則」を定め，職員の任用は，この法律の定めにより，受験成績，人事評価その他の能力の実証に基づいて行わなければならないとしている。

なお，人事評価とは，「任用，給与，分限その他の人事管理の基礎とするために，職員がその勤務を遂行するに当たり発揮した能力及び挙げた業績を把握した上で行われる勤務成績の評価」であり，平成26年の法改正で導入されたものである（法23条～23条の4）。

1 誤り。平等取扱いの原則を定めるのは法13条であり，また，法18条の2で採用試験の公開平等の原則が定められている。

2 誤り。成績主義の原則はメリット・システムとも呼ばれ，**猟官主義（猟官制，スポイルズ・システム）**に対立する制度であり，政治的介入や党派的利益を排除し，行政の安定性，能率性を確保することになるが，職員の任用に直接住民の意思を反映させるものではない。

3 正しい。成績主義の原則は，人材の確保と育成，人事の公正の確保を目的としている。

4 誤り。職員の政治的中立性を保障することにより，職員の利益を保護するのを目的とした規定は，直接的には法36条（政治的行為の制限）である。

5 誤り。職員に全体の奉仕者としての義務を課しているのは法30条（服務の根本基準）である。

正解 3

猟官主義（猟官制，スポイルズ・システム）

政権を獲得した政党が，官職を公務員としての能力とは無関係に政治的功績や閥などによってその地位を分け与える政治慣行を指す。このシステムは政治家にとって利点がある一方で，行政の継続性・安定性，公務員としての専門能力という面で問題があるほか，官職が私物化されるなどの弊害の恐れもある。

Q 23 任用──②一般職の任用

★★★

　一般職の職員の任用に関する記述として妥当なのは，次のどれか。

1　職員の任用は，採用，昇任，降任又は転任のいずれかの方法によらなければならず，「配置換」及び「併任」による任用は許されない。
2　職員の任用は，一般職の職員を通じすべて条件付のものとし，条件付任用期間に実務の能力の実証が得られたときに正式の採用及び昇任となる。
3　職員の任用は，それが正規の職についてであると臨時の職についてであるとを問わず，必ず条例で定める定数の範囲内で行わなければならない。
4　職員の任用は，受験成績，人事評価その他の能力の実証に基づいて行わなければならず，これに反して任用を行った者には罰則の適用がある。
5　職員の採用が競争試験によって行われ，採用候補者名簿が作成されたときは，任命権者は名簿に登載された者を必ず採用しなければならない。

| 正解チェック欄 | 1回目 | 2回目 | 3回目 | A |

1 誤り。任用とは，任命権者が特定の人を特定の職員の職につけることをいい，採用，昇任，降任又は転任のいずれかの方法によるとされている（法17条1項）。「配置換」及び「併任」については，明文の規定はないが，「昇任，降任又は転任」に含まれるものと解されており（行実昭27.9.30），任用上許される。

2 誤り。職員の任用で，臨時的任用の場合を除き，すべて条件付のものとしているのは採用の場合であって，昇任についてはこの規定はない（法22条1項）。職員の採用はすべて条件付のものとされ，その職員がその職において6カ月間勤務し，その間その職務を良好な成績で遂行したときに正式採用になる。ただし，会計年度任用職員の条件付期間は1カ月である〈法22条の2・7項〉。

3 誤り。職員の定数は条例で定めることになっているが，臨時又は非常勤の職についてはこの限りではないとしている（自治法172条3項）。したがって，臨時又は非常勤以外の職員の任用について，条例で定める定数の範囲で行う必要があるにとどまる。

4 正しい。法15条（任用の根本基準）にあるように，職員の任用は，受験成績，人事評価その他の能力の実証に基づいて行わなければならない。これに反して任用を行った者には，3年以下の懲役又は100万円以下の罰金という罰則が適用される（法61条2号）。

5 誤り。任命権者は，採用候補者名簿に記載された者の中から適当と思われる者を選択して採用するのであり，名簿登載者を必ず採用しなければならないということではない。

正解 4

Q 24 任用──③任用の方法

★★

任用に関する記述のうち妥当なのは，次のどれか。

1 一般職に属する職員の採用については，臨時的任用を除き，任期を限って採用することはできない。
2 公職選挙法違反により罰金刑に処せられ，選挙権及び被選挙権を停止されている者は職員となることはできない。
3 条件付採用期間中の職員及び臨時的任用の職員には昇任試験の受験資格を与えることはできない。
4 3カ月の期限を限って臨時的任用した職員を引き続き3カ月更新した場合は合計6カ月任用したことになるので，人事委員会の承認を得ればあと6カ月を超えない期間で更新することができる。
5 同一地方公共団体において，任命権者を異にする異動を行う場合には，新たな特別権力関係に入ることから当該職員の同意を必要とする。

| 正解チェック欄 | 1回目 | 2回目 | 3回目 | A |

1　誤り。「地方公共団体の一般職の任期付職員の採用に関する法律」では，①一定の期間内に終了することが見込まれる業務，②一定の期間内に限り業務量の増加が見込まれる業務については，任期を定めて採用することが可能となっている。

2　誤り。欠格条項に該当するのは，禁錮以上の刑に処せられ，その執行を終わるまで又はその執行を受けることがなくなるまでの者である（法16条2号）。

3　正しい。昇任試験を受けることができるものは，正式に任用された職員に限られるので（法21条の4・3項（受験資格）），条件付採用期間中の職員及び臨時的任用の職員には，昇任試験の受験資格を与えることはできない。

4　誤り。臨時的任用の期間の更新は，1回に限られているので（法22条5項〈22条の3・1項〉），3カ月の期限で任用した後，引き続き3カ月更新した場合は，合計6カ月の任用ではあっても，その後は更新することは認められない。

5　誤り。同一地方公共団体においては，任命権者を異にする異動に際し，その職員の意思にかかわらず，任命権者間の了解により任命権の発動をすることはさしつかえないとされている（行実昭29.5.27）。

正解　3

Q 25 任用——④会計年度任用職員

★★

任用に関する記述のうち妥当なのは，次のどれか。

1 すべての会計年度任用職員は，常勤職員と同様，営利企業への従事等の制限を受けるため，従事する場合は許可が必要である。
2 会計年度任用職員の条件付採用期間については，1カ月とされているが，当該職員が再度任用された場合には，再任用職員と同様に条件付採用期間の対象とされない。
3 会計年度任用職員はすべて，その勤務条件等に関し，任命権者から地方公共団体の長に対する報告や，長による公表等の対象である。
4 臨時的任用は，緊急の場合又は臨時的に必要が生じた場合において，選考等の能力実証を行わずに職員を任用することができる。
5 会計年度任用職員の採用は，一定の勤務条件等が整備されているが，競争試験又は選考による能力の実証により行うことができる。

任　用——51

| 正解チェック欄 | 1回目 | 2回目 | 3回目 | **A** |

　臨時職員及び非常勤職員の任用根拠の明確化・適正化を図るため，平成29年の法改正で，一般職の非常勤職員である「会計年度任用職員」制度を創設し，その任用期間を明確化（1会計年度内）し，期末手当の支給を可能とした。また，臨時的任用の適正については，新たに任用要件が加えられ任用対象が限定された。

　なお，会計年度任用職員は，1週間の勤務時間が常勤職員と同一であるもの（フルタイム）と常勤職員と比べて短時間であるもの（パートタイム）との2種類がある（2020（平成32）年4月1日施行）。

1　誤り。会計年度任用職員の営利企業への従事等の制限は，パートタイムの会計年度任用職員には適用されない〈法38条〉。なお，職務専念義務や信用失墜行為の禁止等の服務規律については，すべての会計年度任用職員に適用される。

2　誤り。会計年度任用職員の再度の任用は，あくまで新たな職に改めて任用されたものと整理し能力実証を行うため，条件付採用の対象となる。なお，条件付採用は，非常勤職員を含むすべての一般職員について適用することとされたが〈法22条〉，会計年度任用職員の条件付採用期間については，その任用期間を考慮し1カ月とする特例が設けられた〈法22条の2・7項〉。

3　誤り。すべての会計年度任用職員が報告や公表の対象とはならない。フルタイムの会計年度任用職員は，給料，旅費及び一定の手当の支給対象となるため，公表等の対象とされる〈法58条の2〉。

4　誤り。臨時的任用は，常勤職員に欠員が生じた場合にすることができる。平成29年の法改正により，あらたに任用要件として「常勤職員に欠員が生じた場合」という任用要件が加えられた。

5　正しい。会計年度任用職員の採用は，勤務条件等が整備されたが，競争試験を原則とするまでの必要はないと考えられ，競争試験又は選考とし，具体的には面接，書類選考等による能力実証によることが可能である〈法22条の2・1項〉。

正解　5

Q26 競争試験と選考——①採用・昇任の方法

★★

一般職の職の採用又は昇任の方法に関する記述のうち妥当なのは，次のどれか。

1 採用試験又は選考を実施する機関は，人事委員会を置く地方公共団体にあっては当該人事委員会，それ以外の地方公共団体にあっては公平委員会である。

2 人事委員会を置く地方公共団体においては，職員の昇任は競争試験によることが原則であるが，十分な競争者が得られない場合は選考によることができる。

3 人事委員会を置かない地方公共団体においては，職員の採用は，競争試験又は選考のいずれかの方法を選んで実施することができる。

4 一般行政事務に従事する職員の採用は，競争試験以外の方法によることは認められていない。

5 競争試験は，単純な労務に雇用される職員を採用する場合の方法としては，認められていない。

| 正解チェック欄 | 1回目 | 2回目 | 3回目 | A |

1 誤り。採用試験又は選考を実施する機関は，人事委員会を置く地方公共団体では当該人事委員会であり，人事委員会を置かない地方公共団体では任命権者である。なお，他の地方公共団体の機関との協定により共同して，あるいは国又は他の地方公共団体の機関との協定により委託して実施することもできる（法18条1項（試験機関））。

　なお，公平委員会の権限の特例が定められており，公平委員会を置く地方公共団体は，条例で定めるところにより，職員の競争試験及び選考並びにこれらに関する事務を行うことができる（法9条1項）。

2 誤り。人事委員会を置く地方公共団体においては，任命権者が職員を人事委員会規則で定める職に昇任させる場合には，当該職について昇任のための競争試験（昇任試験）又は選考が行われなければならない（法21条の4・1項）。

　人事委員会は，前項の人事委員会規則を定めようとするときは，あらかじめ，任命権者の意見を聴くものとする（法21条の4・2項）。

3 正しい。法17条の2・2項に，人事委員会を置かない地方公共団体においては，職員の採用は，競争試験又は選考によるものとすると定めている。

4 誤り。職員の採用は競争試験又は選考によるとされている（法17条の2・1項，2項）ことについては，職種による差異はない。

5 誤り。4と同じ。ただし，一部教育公務員について特例がある（教育公務員特例法3条，11条，15条）。

正解　3

Q 27 競争試験と選考──②条件・採用候補者名簿

★

競争試験と選考に関する記述のうち誤っているのは、次のどれか。

1 任命権者は、人事委員会の定める基準に基づいて受験者に必要な資格として職務の遂行上必要な最少かつ適当な限度の要件を定めるものとされている。
2 昇任試験を受けることができる者の範囲は、人事委員会の指定する職に正式に任用された者に限られている。
3 競争試験は、職務遂行の能力を有するかどうかを正確に判定することを目的として行われる。
4 採用候補者名簿に記載された者の数が採用すべき者の数よりも少ない場合その他人事委員会規則で定める場合には、人事委員会は、他の最も適当な採用候補者名簿に記載された者を加えて提示することができる。
5 採用候補者名簿の作成及び採用の方法に関し必要な事項は、地方公務員法に規定されていること以外は、人事委員会規則で定められる。

| 正解チェック欄 | 1回目 | 2回目 | 3回目 | **A** |

1 誤り。任命権者ではなく，人事委員会が，受験者に必要な資格として職務の遂行上必要な最少かつ適当な限度の客観的かつ画一的要件を定めるものとされている（法19条（受験資格））。
2 正しい。法21条の4・3項の内容のとおりである。
3 正しい。競争試験は，職務遂行能力の実証を目的としている。選考についても同様のことがいえ，職務遂行能力を有するかどうかを選考の基準に基づいて判定するものであり，選考の基準に含まれない事由に基づいて，選考を裁量によって左右することは許されない（行実昭28.9.7）。
4 正しい。法21条は，採用候補者名簿の作成及びこれによる採用の方法について規定したものである。法21条4項の内容のとおりである。
5 正しい。法21条5項の内容のとおりである。

正解 1

Q 28 採用内定の取消し

★★

採用内定の取消しに関する記述のうち,最高裁判所の見解として妥当なのは,次のどれか。

1 採用内定通知は,学校を卒業することを停止条件とする公法上の契約の締結であり,採用内定の取消しは債務不履行となるが,公契約の特殊性から損害賠償請求の対象とはならない。

2 採用内定通知は,学校を卒業できないことを解除条件とする労働契約の締結であり,採用内定の取消しは不法行為となり,公務員の任用行為は私的労働契約と異なるものではないので,損害賠償請求の対象となり得る。

3 採用内定通知は,労働契約の申込みに対する承諾であり,これにより解約権を留保した公務員関係が成立すると解され,採用内定の取消しによる解約権の行使は,社会通念上相当と認められる場合に限られる。

4 採用内定通知は,将来の特定の日をもって公務員たる地位を取得するという始期付採用行為に向けられた確定的な意思表示であり,採用内定の取消しは始期の到来前に行政処分を撤回する新たな行政処分である。

5 採用内定通知は,採用発令手続を支障なく行うための準備手続としてなされる事実行為にすぎず,採用内定の取消しは内定者の法律上の地位ないし権利関係に影響を及ぼすものではなく,取消訴訟の対象となる行政処分に当たらない。

| 正解チェック欄 | 1回目 | 2回目 | 3回目 | **A** |

　私的労働関係においては，採用内定を始期付，解約権留保付労働契約と解しているが（最判昭54.7.20），公務員における採用内定の取消しの法的性質については，説が分かれている。

　一つは，採用内定を採用そのものと解し，採用内定の取消しは，すでに取得した職員としての地位を失わせる行政処分であるとする。

　次に，採用内定行為は，内定通知に示された特定日付で職員たる地位を取得するという法律効果に向けられた確定的意思表示であり，始期付採用という行政処分であるとする見解がある（東京地判昭49.10.30）。この場合には，採用内定の取消しは，始期付採用という行政処分を，始期の到来前に撤回する新たな行政処分ということになる。

　また，任命行為の意義を厳格にとらえ，採用内定は採用にあたっての単なる準備手続であると解するものがある。したがって，採用内定によって内定者の法律上の地位は何ら変わるところはなく，採用内定の取消しは行政庁の処分にはあたらないとする。

　最高裁判所は，採用内定を単に採用発令の手続きを支障なく行うための事実上の行為にすぎないと解し，採用内定の取消しは，行政庁の処分その他の公権力の行使にあたる行為には該当せず**抗告訴訟**の対象とはならないとしている（最判昭57.5.27）。しかし，正当な理由なく期待的利益が侵害された場合には，任命権者に損害賠償責任が生ずると解すべき場合もある（最判昭57.5.27）。

　したがって，5が正しい。

正解　5

抗告訴訟

　行政事件訴訟法が定める行政訴訟の一形式で，行政庁の公権力の行使に関する不服の訴訟のことをいう。抗告訴訟は，(1)取消訴訟，(2)無効等確認訴訟，(3)不作為の違法確認訴訟，(4)無名抗告訴訟，(5)義務付け訴訟，(6)差止訴訟の6種類に細分される。

Q 29 条件付採用──① 身分保障

★★★

条件付採用に関する記述のうち妥当なのは，次のどれか。

1 条件付採用期間中の職員は，正式採用職員と同一の労働基本権を有しておらず，職員団体又は労働組合を結成し，又は加入することはできない。

2 条件付採用期間中の職員は，職務遂行能力の実証を経ていないために勤務条件の一部が制限されており，勤務条件に関する措置要求を行うことはできない。

3 条件付採用期間中の職員は，行政不服審査法に基づく不利益処分に関する審査請求を行うことはできないが，不利益処分の取消し又は無効確認の訴えを提起することはできる。

4 条件付採用期間の制度は，身分保障がなく能力の実証を必要としない臨時的任用職員には適用されないが，身分保障があり能力の実証を必要とする非常勤職員には適用され，条件付採用期間は6カ月である。

5 条件付採用期間の制度は，採用前に実証された能力を採用後の職務遂行状況に基づき検証するために設けられたものであり，この期間を経過した職員を正式に採用するためには任命権者による新たな通知又は発令行為を必要とする。

| 正解チェック欄 | 1回目 | 2回目 | 3回目 | |

　この制度は、職員の職務遂行能力が、採用試験又は選考において判断されたとおりかどうかを、勤務を通じて判断するものである。職員の採用においては、臨時的任用の場合をのぞきすべて条件付とし、採用後6カ月間その職務を良好な成績で遂行したとき始めて正式採用になるものである（法22条）。ただし、非常勤職員（会計年度任用職員）については採用後1カ月とされている〈法22条の2・7項〉。

1　誤り。条件付採用期間中の職員も職員であることにかわりはないので、職員団体を結成したり加入したりすることができる。また、職員団体はその故をもって登録要件を失うことにはならない。
2　誤り。条件付採用は、採用後に実務に従事した成績に基づきさらに能力を実証しようとするもので、勤務条件は正式に採用された職員と同様であるから、勤務条件に関する措置要求を人事委員会又は公平委員会に対して行うことができる。
3　正しい。条件付採用期間中の職員は、行政不服審査法の規定が適用されないので（法29条の2）、不利益処分に関する審査請求を行うことはできないが、**行政訴訟**はできるものと解されている。
4　誤り。条件付採用の制度は、臨時的職員には適用にならず（法22条）、会計年度任用職員については条件付期間は1カ月である〈法22条の2・7項〉。
5　誤り。条件付採用期間を経過したときは、その終了の翌日に正式採用となるものであり、正式採用について、別段の通知又は発令行為は要しないものと解されている。

正解　3

行 政 訴 訟

　行政と国民の間に紛争が生じた場合には、国民の裁判所への訴えが保障されており、これを行政訴訟という。行政訴訟には、権利保護の側面と行政統制の側面がある。第三者である司法権が紛争解決の主役になるため、その判断の信頼性が高い反面、手間がかかるうえ、審査の範囲が処分の違法性に限られるといった特色がある。

Q 30 条件付採用──②身分取扱い

★★★

条件付採用に関する記述のうち妥当なのは，次のどれか。

1 条件付採用は，競争試験又は選考で実証された能力を実際の職務遂行状況に基づいて検証するという任用制度の一環であり，採用だけではなく昇任についても一定期間は条件付としなければならない。

2 条件付採用期間中の職員は，正式採用職員の身分とは基本的に異なったものであり，人事委員会又は公平委員会に対する勤務条件に関する措置要求や，不利益処分に関する審査請求を行うことができない。

3 条件付採用期間中の職員の分限については，条例で必要な事項を定めることができるが，正式採用職員と同様，地方公務員法に規定する公正の原則が当然に適用される。

4 条件付採用期間を終了した者を正式任用するかどうかは，任命権者の裁量権に属しており，免職する場合にも，地方公務員法が労働基準法に規定する解雇予告制度の適用を除外していることから，予告なしで免職できる。

5 条件付採用制度は，地方公共団体の一般職の職員のすべてについて適用されるので，臨時的任用の職員及び非常勤職員といえども6カ月間その職務を良好な成績で遂行しない限り正式任用を行うことはできない。

| 正解チェック欄 | 1回目 | 2回目 | 3回目 | A |

1 誤り。一定期間を条件付として試用期間を設けているのは採用の場合のみであり、昇任にはこのような条件はない。なお、条件付採用期間は6カ月とされているが、人事委員会は条件付採用の期間を1年に至るまで延長することができる（法22条）。

2 誤り。条件付採用期間中の職員は、不利益処分に関する審査請求を行うことはできないが、勤務条件に関する措置要求を人事委員会又は公平委員会に対して行うことはできる。

3 正しい。条件付採用期間中の職員には分限の適用はないが、条例で必要な事項を定めることができる（法29条の2）。また、公正の原則（法27条1項）は適用除外されておらず、正式職員と同様の扱いがなされる。

4 誤り。労働基準法20条に規定する解雇予告制度は適用除外には該当せず（法58条3項）、職員に適用されるものであり、条件付採用期間中の職員も同様に解される。なお、条件付採用期間中の職員を正式採用するか解職するかの判断は任命権者の裁量に属し、その裁量の幅は正式採用された職員の免職の場合に比して広いと考えられるが、純然たる自由裁量ではなく、客観的に合理的な理由が存在し、社会通念上相当とされるものであることを要すると解されている（最判昭53.6.23）。

5 誤り。臨時的任用の職員には、条件付採用制度は適用されない（法22条）。また、非常勤職員（会計年度任用職員）については条件付期間は1カ月である〈法22条の2・7項〉。

正解 3

Q 31 臨時的任用──①人事委員会が設置されている場合

★★★

人事委員会が設置されている場合の臨時的任用の記述として妥当なのは、次のどれか。

1 臨時的任用を行うことができる場合とは、人事委員会に採用候補者名簿がないときに限られる。

2 任命権者が臨時的任用を行う場合、個々の職員について人事委員会の承認を必要とする。

3 臨時的任用の期間は1回に限り更新できるが、その更新については人事委員会の承認を必要とする。

4 臨時的任用職員が正規職員に採用された場合、任命権者は人事委員会の承認を得て、条件付採用の規定を適用しないことができる。

5 臨時的任用職員が懲戒処分を受けた場合、人事委員会に対して行政不服審査法により審査請求をすることができる。

| 正解チェック欄 | 1回目 | 2回目 | 3回目 | **A** |

　職員を任用する場合には，恒久的な職に任命すること（法17条1項）が建て前であるが，例外として，一定の事由がある場合に限っては，職員を臨時的に任用することができる（法22条2項〈22条の3・1項〉）。

1　誤り。臨時的任用ができるのは，常時勤務を要する職に欠員を生じた場合において，緊急のとき，臨時の職に関する場合，採用候補者名簿（昇任候補者名簿を含む）がない場合の3つの場合である（法22条2項〈22条の3・1項〉）。臨時の職とは，職自体が恒久ではなく臨時であるものをいい，その存続期間が限定されている。なお，人事委員会を置かない地方公共団体において臨時的任用ができるのは，緊急の場合，臨時の職に関する場合に限られる（法22条5項〈22条の3・4項〉）。

2　誤り。任命権者が臨時的任用を行う場合，人事委員会の承認を得る必要があるが（法22条2項〈22条の3・1項〉），これは臨時的任用を行おうとする職についての承認であって，臨時的任用を行おうとする職員個々の承認ではない（行実昭31.9.17）。

3　正しい。臨時的任用は，人事委員会の承認を得て，6ヵ月を超えない期間で更新することができるが，再度更新することはできない（法22条2項〈22条の3・1項〉）。

4　誤り。臨時的任用は，正式任用に際して，いかなる優先権をも与えるものではない（法22条6項〈22条の3・5項〉）。これは，臨時的任用が競争試験又は選考という能力の実証を経ていないからである。臨時的に任用された職員を正式任用する場合には，競争試験又は選考を行うことが必要であり，それに合格したときには改めて条件付採用に関する規定が適用された上で正式任用されることになる。

5　誤り。臨時的任用職員には，不利益処分に関する審査請求の規定は適用されない（法29条の2）。

正解　3

Q 32 臨時的任用──②身分取扱い

★★

臨時的任用に関する記述のうち妥当なのは，次のどれか。

1 臨時的任用職員には，顧問，参与，調査員等一定の技能，知識に基づき臨時的に任用される特別職の地方公務員も含まれる。
2 臨時的任用職員は，正式採用ではないので，給与，勤務時間その他の勤務条件に関して人事委員会又は公平委員会に対して措置要求を行うことはできない。
3 臨時的任用職員は，期間を限って一時的に任用されるものであり，正式職員が組織する職員団体に加入することはできない。
4 臨時的任用職員には，分限処分に関する規定は適用されないが，分限について条例で必要な事項を定めることができる。
5 人事委員会は，臨時的任用について，任命権者に承認を与える権限を有し，任用される者の資格用件を定めることもできるが，これに対し任命権者が違反したとしても対抗手段をもたない。

| 正解チェック欄 | 1回目 | 2回目 | 3回目 | A |

1　誤り。顧問，参与，調査員等一定の技能，知識に基づき任命される特別職の者は，臨時的に任用される地方公務員ではあっても，法22条〈22条の3〉にいう臨時的任用職員ではない（法3条3項3号）。

2　誤り。勤務条件に関する措置要求については，臨時的任用職員の適用除外の規定はなく，正式採用の職員と同様に人事委員会又は公平委員会に対して要求することができる。

3　誤り。臨時的任用職員が職員団体に加入することも可能である。

4　正しい。臨時的任用職員は，その任用期間が短期であるため，**分限**に関する規定が適用されない（法29条の2）。しかし，臨時的任用職員の分限について，条例で必要な事項を定めることができるとされている（法29条の2・2項）。

5　誤り。任命権者が，人事委員会の承認を得ることなく，あるいは法22条3項〈22条の3・2項〉に基づき人事委員会が定める資格要件によらずに臨時的任用を行った場合には，人事委員会はその任命権者の臨時的任用を取り消すことができる（法22条4項〈22条の3・3項〉）。

正解　4

分限と懲戒

分限は，公務能率の維持及び適正な運営を目的とする公務員の地位上の変化を指すのに対し，懲戒は，組織内部の規律ないし秩序の維持を図る目的で，一定の義務違反に制裁を科する行為を指す。

Q 33 給与——①基本原則

★

職員の給与に関する次の記述のうち妥当なのは，次のどれか。

1 職員の給与決定に関する原則として地方公務員法上，職務給，均衡及び直接全額払の3つの原則があげられる。
2 職員の給与は，すべて職務給の原則でつらぬかれており，生活給的要素は考慮されていない。
3 職員の給与の決定要素として地方公務員法上，生計費，国及び他の地方公共団体の職員の給与，民間給与，その他の事情があげられるが，各要素のもつ意義は並列的，固定的ではない。
4 職員の給与は，民間給与とその性格を異にしており，支払能力とか支給の効果について考慮を払う必要はない。
5 職員の給与は，すべて労使間の団体交渉で決められる。

勤務条件——67

| 正解チェック欄 | 1回目 | 2回目 | 3回目 | |

1 誤り。**給与に関する基本原則**は，給与決定に関する原則と給与支給に関する原則とに大別される。給与決定に関する原則として，職務給の原則，均衡の原則及び条例主義の原則がある。

2 誤り。職員の給与は，その職務と責任に応ずるものでなければならない（法24条1項）が，職務給の原則と並んで，生活の維持のための生活給の要素も考慮されなければならない。均衡の原則及び人事委員会の給与勧告において生計費を考慮していること（法24条2項），扶養手当や期末手当，寒冷地手当等生活費を前提とした手当が設けられていることによって，生活給的要素が付加的に措置されている。現行法では，職務給の原則が主であり生活給の要素は従たる地位を占めているといわなければならない。

3 正しい。職員の給与は，生計費並びに国及び他の地方公共団体の職員並びに民間事業の従事者の給与その他の事情を考慮して定めなければならない（法24条2項）。この均衡の原則は，設問にある各要素を総合的に考慮するもので，並列的，固定的に考えるものではない。

4 誤り。職員の給与は，条例でこれを定めること（法24条5項）からも民間の給与とその性格を異にしている。しかし地方公共団体の財政事情等を無視して，支払能力や支給の効果について考慮を払わず給与を決定するべきではない。

5 誤り。職員の給与，勤務時間その他の勤務条件は，条例で定める（法24条5項）。団体交渉によって定めるものではない。

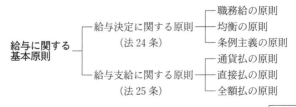

正解 3

Q 34 給与──②一般職の給与

★

地方公務員法上の一般職の給与に関する記述として妥当なのはどれか。

1 職員が他の地方公共団体の一般職の職員の職と兼ねたときは，任命権者の許可があれば，これに対して重ねて給与を受けることができる。

2 給与は原則としてその全額を直接職員に支払わなければならないが，国税徴収法による職員の給与の差押は，この原則の例外をなすものである。

3 給与は，懲戒処分としての減給処分の場合のほか，予算執行上の必要があるときは，条例で定めている給与額を減じて支給することができる。

4 正式任用の職員の給与は条例によらなければならないが，臨時的任用の職員の給与は条例による必要はなく予算の範囲内で賃金として支払われる。

5 職員が所属長の許可を得て職務外に講習会・研修会等の講師となった場合に謝礼金を受け取ることは，一般的には給与法定の原則に反し違法である。

勤務条件——69

正解チェック欄　1回目　2回目　3回目　A

1　誤り。職員は，他の職員の職を兼ねる場合においても，これに対して給与を受けてはならない（法24条3項）。重複給与支給の禁止は，任命権者の許可の有無に関係なく許されない。

2　正しい。職員の給与は，法律又は条例で特に認められた場合を除き，通貨で，直接職員に，全額を支払わなければならず，また，これに基づかずには，いかなる金銭又は有価物も職員には支給してはならない（法25条1項，2項）。この通貨払，全額払の原則の特例として，1）所得税・住民税の源泉徴収，2）地方公務員共済組合の掛金等，3）通勤災害により補償を受ける職員が払う公務災害補償基金に納付する一部負担金，4）給与の債権の差押を受けた場合などがある。なお，給与の差押には，国税徴収法の場合と民事執行法の場合がある。後者の場合が多いが，一定の差押の限度がある（民事執行法152条，同法施行令2条参照）。

3　誤り。全額払の原則から給与額を減じた支給はできない。懲戒処分としての減給処分は，給与減額事由の発生が支払期日以前，かつ，支払の基礎となる期間中のときは，減額後の金額が給与の全額で，全額払の原則と関係ない（内閣法制局意見昭33.8.7）。

4　誤り。職員の給与，勤務時間その他の勤務条件は，条例で定める（法24条5項）。この職員には臨時的任用職員も含まれる。なお，企業職員及び単純労務職員は，法24条，25条の規定は適用されない（法57条，地公労法附則5項，地公企法39条）。臨時的任用の職員には，2020（平成32）年4月より常勤に欠員が生じた場合の要件が加わり，会計年度任用職員に移行が図られる。

5　誤り。給与とは，職員に対しその勤務に対する報酬として支給される一切の有価物をいう。職員が講師となった場合の謝礼や表彰に伴う記念品の支給などは，勤労の度合いに比例する対価ではないので給与には該当しない（行実昭34.5.13，31.11.20）。

正解　2

Q 35 給与——③給与支払の原則

★

地方公務員法に定める職員の給与に関する記述として妥当なのは，次のどれか。

1 職員の給与は直接職員に支払わなければならないが，委任状により，受任者に一括して支払うことはできる。
2 職員の給与はその全額を支払わなければならず，前月中に生じた減額事由に基づき減額すべき給与額を，翌月の給与から減額することはできない。
3 職員の給与における「その職務と責任に応ずるものでなければならない」という職務給の原則は等級別基準職務表の条例による義務化までは求めていない。
4 一般職の職員が特別職の職を兼ねる場合は，重複給与支給とはならず，給与を併せて支給しなければならない。
5 職員の給与は通貨で支払わなければならず，小切手で支払うことはできない。

正解チェック欄　1回目　2回目　3回目　**A**

1　誤り。給与は，直接職員本人に支給しなければならない。委任を受けた者に対しても原則として支払うことはできない（行実昭27.12.26）。委任の名目の下に第三者に給与請求権の譲渡がなされ，直接払の原則の趣旨が没却されるおそれがあるので認められない。

2　誤り。前月中に生じた減額事由に基づき減額すべき給与額を減額することは，支給すべき給与を計算する過程での問題で，全額払の原則とは関係ない。

3　誤り。職務給の原則の一層の徹底のため，平成26年の法改正により，等級別基準職表の規定が条例義務化された（法25条3項2号）。

4　誤り。職員が特別職の職を兼ねた場合には法24条4項の適用はないので，特別職の職に対して給与又は報酬を支給することは可能であるが（他の地方公共団体の特別職を兼ね，給与又は報酬を受けるときは，法38条の営利企業への従事等制限の許可を要する）国の特別職の職員の給与に関する法律14条と同趣旨の規定を報酬条例中に設けて報酬を支給しないことも可能であり，更に給与条例に給与の減額調整規定を設けることも適当である（行実昭26.3.12）。

5　正しい。小切手は貨幣ではないので，小切手による給与の支給は通貨払の原則に反しまた，財務会計制度上，小切手による給与支給はできないこととされているので（自治令165条の4・3項），通貨払の特例として条例又は労働協約で小切手払を定めることはできない。

正解　5

Q 36 給与——④給与請求権

★

職員の給与に関する記述として妥当なのは，次のどれか。

1 給与請求権は，公務員としての地位を有する者のみに与えられた公法上の債権であり他人に譲渡することは許されないが，放棄することはできる。

2 公務員としての地位に基づく一身専属的な給与請求権は放棄することができるが，その支分権である具体的給与の請求権は実際の労働の対価であり放棄することはできない。

3 公務員としての地位に基づく給与請求権の支分権である具体的給与の請求権は放棄することができないとはいえない。

4 職員は，任命権者に届け出ることにより，自らの給与請求権を任意に他人に譲渡することができる。

5 給与請求権は，公務員としての地位を有する者のみに与えられた公法上の債権であり他人に譲渡することは許されないが，手当についてはこの限りではない。

勤務条件——73

正解チェック欄　1回目　2回目　3回目　

1　誤り。公務員の俸給請求権は，公務員たる地位を有する者に付与された公法上の債権であり，公務員が任意にこれを処分することを許せば，その地位を保持するための生活の資力を失い，結果として公益を害するおそれもあるので，その譲渡は認められない（大審院判昭9.6.30）。また，俸給を受ける権利は公法上の権利であり，その放棄は一般に許されない（仙台高判昭32.7.15）。

2　誤り。放棄は一般には許されないが，その理由は，公務員の俸給は職務に対する反対給付であると同時にその地位相当の生活を保障する資金であり，もしその放棄を許せば特別権力関係を破壊し公益を害するおそれがある。ただし，そのようなおそれが全くない場合，例えば，公務員が退職後に退職前に生じた個々の俸給の請求権を放棄するような場合には，有効に放棄できる。また，職員の給与請求権の支分権，すなわち，すでに具体化した給与の請求権の放棄は可能である（行実昭28.7.27）。

3　正しい。給与請求権の支分権の譲渡又は放棄は職員の生活に支障を生じさせるおそれがあるので，原則として認めるべきではなく，ただ例外として，職員の申し出により，給与支払者が職員の生活及び公務の遂行に支障がないと判断して承認した限度で認めることができる。

4　誤り。任意に譲渡はできない。

5　誤り。手当についても同様に原則として許されない。

給与請求権
- 基本権としての給与請求権：職員としての地位そのものから生じる一身専属的なものであり，他人に譲渡するなど職員が自由に処分することは認められない
- 支分権としての給与請求権：職員の地位に基づき，実際に勤務したことから生じる具体的な給与に対する請求権である

正解　3

Q 37 給与——⑤給与請求権

★

一般職の職員の給与の請求権に関する記述として妥当なのは，次のどれか。

1 　給与の請求権に関して時効が成立するためには，地方公共団体が時効の成立を証明する必要がある。
2 　給与の請求権に関する時効期間には労働基準法が適用されるので，時効期間は2年となる。
3 　地方公共団体は，時効成立後であれば，給与の請求権に関する時効の利益を放棄することができる。
4 　給与の請求権は，民法の定めるところにより，10年間権利を行使しない場合は消滅する。
5 　給与の請求権は，地方自治法の定めるところにより，5年間権利を行使しない場合は消滅する。

勤務条件——75

| 正解チェック欄 | 1回目 | 2回目 | 3回目 | **A** |

1 誤り。金銭の給付を目的とする普通地方公共団体の権利の時効による消滅については法律に特別の定めがある場合を除くほか，時効の利益の主張を要しない。また，その利益を放棄することができない（自治法236条2項）。時効の成立の証明などはいらない。

2 正しい。職員の給与請求権は，労働基準法の適用があるので，その行使をなしうる時から2年を経過した時に時効によって消滅する（法58条3項，**労働基準法115条**，最判昭41.12.8）。地方公共団体に対する金銭の消滅時効は，通常は5年の消滅時効（自治法236条1項）であるが職員の給与については労働基準法の規定が優先する。なお，権利の行使をなしうる時とは，支払期日が定められている給与についてはその支払期日その定めがないときは給与を支給すべき事実が発生した時である。また，給与請求権は公法上の権利であり，法律関係の安定性が求められるので，裁判上の請求等，時効の中断又は停止がなされない限り，2年を経過した時に絶対的に消滅し，もしその後に当該給与を支払うと違法支出になる。

3 誤り。地方自治法236条2項により時効の利益を放棄できない。

4 誤り。労働基準法115条の適用で2年間である。

5 誤り。労働基準法115条の適用で2年間である。

正解 2

労働基準法115条

この法律の規定による賃金（退職手当を除く），災害補償その他の請求権は2年間，この法律の規定による退職手当の請求権は5年間行わない場合においては，時効によって消滅する。

Q 38 勤務条件──①労働時間・安全衛生

★

労働基準法に関する記述として妥当なのは，次のどれか。

1 使用者は，労働時間が5時間を超える場合は少なくとも45分，7時間を超える場合は少なくとも1時間の休憩時間を労働時間の途中に与えなければならない。
2 一定の事業については，使用者は労働者の雇用の際及び定期的に医師に労働者の健康診断をさせなければならない。
3 労働基準法は，労働条件の標準を定めたもので，この基本理念に従い弾力的にこれを運用しなければならない。
4 使用者は，前借金その他労働することを条件とする前貸の債権と賃金を相殺することができる。
5 管理監督の地位にある職員及び機密の事務を取り扱う職員についても勤務時間の基本原則が適用される。

勤務条件 — 77

正解チェック欄 | 1回目 | 2回目 | 3回目 | **A**

1 誤り。使用者は，労働時間が6時間を超える場合においては少なくとも45分，8時間を超える場合においては少なくとも1時間の休憩時間を労働時間の途中において与えなければならない（労働基準法34条1項）。

2 正しい。労働者の安全及び衛生に関しては，労働安全衛生法の定めるところによる（労働基準法42条）。事業者は，労働者に対し，厚生労働省令で定めるところにより，医師による健康診断を行わなければならない（労働安全衛生法66条1項，労働安全衛生規則44条1項）。

3 誤り。労働基準法で定める労働条件の基準は最低のものであるから，労働関係の当事者は，この基準を理由として労働条件を低下させてはならないことはもとより，その向上を図るように努めなければならない（労働基準法1条2項）。弾力的な運用は許されず，最低基準である。

4 誤り。使用者は，前借金その他労働することを条件とする前貸の債権と賃金を相殺してはならない（労働基準法17条）。

5 誤り。事業の種類にかかわらず監督若しくは管理の地位にある者又は機密の事務を取り扱う者は，労働基準法第4章，第6章，第6章の2で定める労働時間，休憩及び休日に関する規定は適用しない（労働基準法41条）。

正解　2

Q39 勤務条件——②勤務時間

★

地方公務員法に定める職員の勤務時間に関する記述として妥当なのは，次のどれか。

1 勤務時間は，人事委員会を置く地方公共団体においては民間事業の従事者の勤務時間を考慮してこれを定めなければならず，給与と同様に勤務時間についても人事委員会による勧告制度が設けられている。
2 勤務時間は，労働基準法に定める基準の範囲内であれば，条例でこれを定める事なく地方公共団体の当局と職員団体との間の書面協定で定めることができる。
3 勤務時間は，その決定に当たっては，労働基準法に定める基準を下回るものであってはならず，国及び他の地方公共団体の職員との間に権衡を失しないように適当な考慮が払われなければならない。
4 任命権者は職員が申請した場合においても，勤務時間の一部について勤務しないことを承認することができない。
5 職員の勤務時間は，人事委員会を置く地方公共団体においては人事委員会規則でこれを定めなければならず，人事委員会を置かない地方公共団体においては労働基準法の規定によらなければならない。

勤務条件——79

正解チェック欄 1回目 2回目 3回目

1 誤り。勤務時間については，国及び他の地方公共団体の職員との権衡を考慮しなければならないが（**法24条4項**），民間の動向を考慮しなければならないことは明記されていない。立法論として明記すべきであったとの議論はある。また，人事委員会の勧告は，給与についてであり（**法26条**）勤務時間については，研究成果の提出（**法8条1項2号**）がある。

2 誤り。労働基準法が適用されるので（法58条3項），同法の基準を下回ることはできないが，条例主義（**法24条5項**）により書面協定はできない。

3 正しい。法58条3項，24条4項により正しい内容である。

4 誤り。修学部分休業（法26条の2・1項），高齢者部分休業（法26条の3・1項）により承認できる。

5 誤り。人事委員会の有無にかかわらず，条例で定めなければならない。

正解 3

地方公務員法における勤務時間の規定

第8条 人事委員会は，左に掲げる事務を処理する。
二 人事評価，給与，勤務時間その他の勤務条件，研修，厚生福利制度その他職員に関する制度について絶えず研究を行い，その成果を地方公共団体の議会若しくは長又は任命権者に提出すること。

第24条
4 職員の勤務時間その他職員の給与以外の勤務条件を定めるに当つては，国及び他の地方公共団体の職員との間に権衡を失しないように適当な考慮が払われなければならない。
5 職員の給与，勤務時間その他の勤務条件は，条例で定める。

第26条 人事委員会は，毎年少くとも1回，給料表が適当であるかどうかについて，地方公共団体の議会及び長に同時に報告するものとする。給与を決定する諸条件の変化により，給料表に定める給料額を増減することが適当であると認めるときは，あわせて適当な勧告をすることができる。

Q 40 勤務条件――③休憩時間

★★

勤務時間に関する「休憩時間」の記述として妥当なのは，次のどれか。

1 休憩時間は，いかなる勤務形態の職場においても全職員にいっせいに与えなければならず，所属長が業務の実情に応じて定めることは許されない。
2 勤務時間が8時間を超え，長時間にわたる場合は，休憩時間は1時間を超えて与えなければならない。
3 休憩時間は，勤務時間ではないので，職員を指揮命令したり管理下に置くことは全くできない。
4 休憩時間中の職員が，電話や来客の対応のために待機している場合，休憩時間とみることができる場合がある。
5 休憩時間の自由利用の原則は，施設管理の必要及び職務規律の維持の必要に基づく合理的な制約を受けるので外出の届出制は差支えない。

正解チェック欄　1回目　2回目　3回目　A

1　誤り。休憩時間は，一斉に与えなければならない。ただし，労働者の過半数で組織する労働組合がある場合においてはその労働組合，そうした労働組合がない場合においては労働者の過半数を代表する者と書面による協定があるときは，この限りではない（労働基準法34条2項）。また，休憩の一斉付与の適用除外として官公署の事業などがある（労働基準法施行規則31条）。

2　誤り。勤務時間が8時間を超える場合は，1時間の休憩時間を与えれば足りるとしている（労働基準法34条1項）。なお，労働基準法上は，1時間でも法違反にはならないが，健康への配慮や効率性から適時，休憩時間を与える必要がある。

3　誤り。休憩時間は，勤務時間における始業から終業までの，いわゆる拘束時間の一部で休憩時間終了後は再び復帰することになっている時間なので，休憩時間中の行動についても規律保持上必要な制限を加えることも休憩の目的を損なわない限り差支えない（労働基準法通達昭22.9.13発基17号）。

4　誤り。電話や応対のために待機することが必要とされている場合は，待機している時間（手待ち時間といわれる）も含めて勤務時間となる（同通達）。

5　正しい。規律保持上必要な制限を加えることも休憩の目的を損なわない限り差支えない（同通達）。

正解　5

Q 41 勤務条件——④労働基準法に定める休憩時間

★★

労働基準法に定める休憩時間に関する記述として妥当なのは，次のどれか。

1 使用者は，労働者の過半数で組織する労働組合との書面による協定に基づき，休憩時間を労働時間の最後に与えることができる。

2 休憩時間は一斉に与えなければならないが，労働者の過半数で組織する労働組合との書面による協定がある場合はこの限りでない。

3 すべての職員に，休憩時間を自由に利用させなければならない。

4 監督又は管理の地位にある者についても，労働時間が8時間を超える場合は，少なくとも1時間の休憩時間を与えなければならない。

5 休憩時間は原則として自由に利用させなければならない。ただし，使用者が業務上の必要があると認める場合はこの限りでない。

| 正解チェック欄 | 1回目 | 2回目 | 3回目 | A |

1 誤り。休憩時間は，労働時間の途中に与えなければならない。途中で休憩が与えられないまま労働時間が法定の6時間を超えることは許されない。

2 正しい。休憩時間は，原則として一斉に与えなければならないが，労働組合等との協定による例外が認められている（労働基準法34条2項）。

3 誤り。自由利用の原則には例外がある。警察官，消防吏員などがそれにあたる（労働基準法施行規則33条1項）。

4 誤り。事業の種類にかかわらず監督若しくは管理の地位にある者又は機密の事務を取り扱う者は，労働時間，休憩及び休日に関する規定は適用しない（労働基準法41条）。

5 誤り。単に使用者が業務上の必要があると認めた場合のみでは不適当と考える。判例は，休憩時間が，就労の義務のない時間ではあっても，始業から終業までのいわゆる拘束時間中の時間であり，使用者の一定の拘束を受けることはやむを得ないところであって，自由使用も絶対的なものでなく，相対的なものにすぎない。休憩時間中のものであっても，管理権の合理的な行使として是認され得る範囲内にある限り，有効なものとして拘束力を有する（最判昭49.11.29）と判示している。

正解 2

Q 42 分限処分——①意義と種類

★★★

地方公務員法が規定する職員の分限処分に関する記述として，妥当なのはどれか。

1 分限処分は，懲戒処分と異なり，職員の服務義務の違反に対して，公務員関係における秩序を維持するため，任命権者が行う制裁処分である。

2 分限処分の種類は，免職，休職，戒告及び訓告に限定されており，任命権者は，これら以外の分限処分を行うことはできない。

3 分限処分としての免職の事由については，地方公務員法で定められているが，休職の事由については，条例でも定めることができる。

4 職員団体の在籍専従職員は，専従期間中は休職者となるので，任命権者は，当該職員が刑事事件で起訴された場合でも分限処分としての休職を行うことはできない。

5 分限処分としての免職を受けた職員は，処分の日から2年を経過しない間は，当該地方公共団体の職員になることはできない。

分限及び懲戒 — 85

| 正解チェック欄 | 1回目 | 2回目 | 3回目 | A |

1 誤り。**分限処分**とは，職員の身分保障を前提としつつ，一定の事由がある場合に，職員の意に反する不利益な身分上の変動をもたらす処分をいう（法27条）。分限処分が公務能率の維持を目的としているのに対し，**懲戒処分**は，職員の道義的責任を問うことにより，地方公共団体における規律と公務遂行の秩序を維持することを目的としている（法27条）。

2 誤り。地方公務員法は，分限処分として，免職，休職，降任，及び降給の4つの種類を定めている（法27条）。

3 正しい。分限処分としての免職の事由については，地方公務員法で定められているが，休職の事由については，条例で定めることができるものとされている（法27条2項）。

4 誤り。在籍専従職員（職員としての身分を有しながらもっぱら職員団体の活動に従事する職員）が起訴されたときも休職処分に付することができる。

5 誤り。懲戒免職処分を受け，当該処分の日から2年を経過しない者は職員になることはできない（法16条3号）。

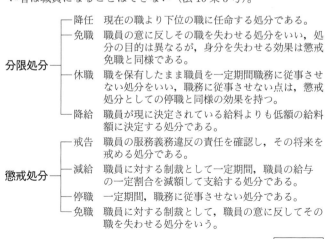

正解　3

Q43 分限処分──②手続及び効果等

★★★

分限処分についての記述として妥当なのは，次のどれか。

1 分限処分は辞令書とともに，地方公務員法第49条に基づく不利益処分に関する説明書を交付しなければ法的効果を生じない。

2 職員が採用される以前に刑事事件に関し起訴されていたことを任命権者が採用後に初めて知った場合でも，その職員に分限休職を命ずることができる。

3 地方公共団体の任命権者別の定数の改廃により過員を生じても，当該地方公共団体の定数の改廃により過員を生じなければ，分限休職処分はできない。

4 定数の改廃により過員を生じた場合に，職員の健康状態及び勤務成績を基準に，任命権者の裁量により分限免職者を選定するのは公正の原則に反し違法である。

5 地方公務員法は職員の意に反する分限休職処分についてのみ規定しているから，たとえ職員が分限休職の法定事由に該当する場合でも職員の意に基づくいわゆる依願休職は認める余地はない。

| 正解チェック欄 | 1回目 | 2回目 | 3回目 | |

1 誤り。分限処分は，職員の意に反する不利益処分であるから，処分を行う場合には，不利益処分に関する説明書の交付を行う必要がある（法49条）。しかし，この説明書の交付は，不服申立者（現・審査請求人）に対する便宜供与的措置であり，教示（行政不服審査法82条に基づく教示）としての機能を果たすもので，処分の効力に影響はない（行実昭39.4.15）。

2 正しい。職員が採用される以前に刑事事件に関し起訴されており，採用後に起訴の事実を知った場合でも休職処分にすることができる（行実昭37.6.14）。

3 誤り。職制若しくは定数の改廃又は予算の減少により廃職又は過員を生じた場合，降任・免職処分ができる（法28条1項4号）。「定数」とは，法令に基づいて決定された職員の員数であって，部別，課の定数も該当する（内閣法制局意見昭27.4.19）。

4 誤り。具体的に何人を免職処分の対象とするかについては，法的には，平等取扱いの原則（法13条），分限処分の公正の原則（法27条1項）等に抵触しない限りは任命権者の裁量を許すものであり，その範囲内では当，不当の問題は別として違法の問題は生じないと解するのが相当である（行実昭27.5.7）。

5 誤り。行政実例（昭38.10.29）は，依願休職を認められないものとしている。一方で，判例は，休職は法28条2項各号の場合以外は，本来法律の予想するところではないが，職員本人が休職を希望し，任命権者がその必要を認めて行った休職処分はあえて無効としなければならないものではない（最判昭35.7.26）と判示している。争いのあるところではあるが，依願休職を認めるかどうかはその必要性の有無，職務専念義務との関係，法律上の根拠，給与の取扱い等を勘案して判断する余地も考えられるので誤りとする。

正解　2

Q 44 分限処分──③意義

★★

　地方公務員法に定める分限についての記述として妥当なのは，次のどれか。

1　休職には，地方公務員法上刑事事件に関し起訴された場合（起訴休職）と職員の出願に基づく場合（依願休職）の2種類がある。

2　降給とは，一定期間，職員の給料の一定割合を減額し，その期間満了とともに元の給料額に復する処分である。

3　降任その他，職務とそれに伴う責任の変更により給料が下がる場合も，降給処分に該当する。

4　分限免職とは，任命権者の意思にかかわりなく，職員の法定の条項に該当したことをもって，法律上当然に職員としての身分を失わしめるものである。

5　降任とは，職員の任命方法の一種であるが，職員をその意に反して上位の職から下位の職に降ろし，当該職員に不利益を与えるため，分限処分とされているものである。

分限及び懲戒──89

| 正解チェック欄 | 1回目 | 2回目 | 3回目 | **A** |

1 誤り。休職は，職を保有させたまま，一定期間職員を職務に従事させない処分であるが，(1)心身の故障のため，長期の休養を要する場合 (2)刑事事件に関し起訴された場合 (3)条例で定める事由の3つがある（法27条2項，28条2項）。**依願休職**については，制度として認めなければならない必要性は乏しいと考えられている。なお，修学部分休業（法26条の2），高齢者部分休業（法26条の3）が平成16年より制度化されている。

2 誤り。降給は，職員が現に決定された給料の額よりも低い額の給料に決定する処分である。設問は懲戒処分の減給の説明である。

3 誤り。降任に伴い給料が下がることは，降給ではない（行実昭28.2.23）。

4 誤り。分限免職は，処分であり任命権者の意思に基づいて行われるものである。設問は失職についての説明である。

5 正しい。降任とは，職員を法令，条例，規則その他の規定により公の名称が与えられている職で，その現に有するものより下位のものに任命する処分をいうものである。

正解　5

依願休職（いがん）

分限処分の休職事由に該当しないのに，職員が願い出た場合の休職をいう。

修学部分休業と高齢者部分休業（要旨）

修学部分休業（法26条の2）──任命権者は，公務の運営に支障がなく，当該職員の公務に関する能力の向上に資すると認めるときは，当該職員が，大学等の修学のため，当該修学に必要と認められる期間として条例で定める期間中，1週間の勤務時間の一部について修学部分休業を承認することができる。

高齢者部分休業（法26条の3）──任命権者は，公務の運営に支障がないと認めるときは，当該職員が条例で定める年齢に達した日以降の日で申請で示した日から定年退職日までの期間中，1週間の勤務時間の一部について高齢者部分休業を承認することができる。

Q 45 分限処分——④処分の事由

★★

地方公務員法に定める分限に関する記述として妥当なのは，次のどれか。

1 任命権者は，職員が禁錮以上の刑に処せられた場合においては，その意に反して，職員を休職にすることができる。

2 任命権者は，職員が地方公務員法又はこれに基づく条例に違反した場合においては，その意に反して，職員を休職にすることができる。

3 任命権者は，職員が心身の故障のため，職務の遂行に支障があり，又はこれに堪えない場合においては，その意に反して，職員を停職にすることができる。

4 任命権者は，職制若しくは定数の改廃又は予算の減少により廃職又は過員を生じた場合においては，その意に反して，職員を停職にすることができる。

5 任命権者は，人事評価又は勤務の状況を示す事実に照らし，職員の勤務実績がよくない場合においては，その意に反して，職員を免職することができる。

| 正解チェック欄 | 1回目 | 2回目 | 3回目 | **A** |

1 誤り。職員が禁錮以上の刑に処せられ，その執行を終わるまで又はその執行を受けることがなくなるまでの者は職員になることができない（法16条1項2号，28条4項）。休職ではなく失職する。

2 誤り。地方公務員法若しくは法57条に規定する特例を定めた法律（教職員，単労系職員，企業職員などが対象）又はこれに基づく条例，地方公共団体の機関の定める規程に違反した場合は，懲戒処分の対象になり（**法29条1項1号**）これは，休職ではない。

3 誤り。心身の故障のため，職務の遂行に支障があり，又は，これに堪えない場合は，降任，免職の事由に該当し（法28条1項2号），これは，停職ではない。

4 誤り。職制若しくは定数の改廃又は予算の減少により廃職又は過員を生じた場合は，降任，免職の事由に該当し（法28条1項4号），停職ではない。

5 正しい。人事評価又は勤務の状況を示す事実に照らして，職員の勤務実績がよくない場合は，降任，免職の事由に該当する（法28条1項1号）。

正解 5

地方公務員法における懲戒の規定

第29条（懲戒） 職員が左の各号の一に該当する場合においては，これに対し懲戒処分として戒告，減給，停職又は免職の処分をすることができる。
一 この法律若しくは第57条に規定する特例を定めた法律又はこれに基く条例，地方公共団体の規則若しくは地方公共団体の機関の定める規程に違反した場合
二 職務上の義務に違反し，又は職務を怠った場合
三 全体の奉仕者たるにふさわしくない非行のあった場合
4 職員の懲戒の手続及び効果は，法律に特別の定がある場合を除く外，条例で定めなければならない。

Q 46 分限処分──⑤処分の事由

★★★

地方公務員法に定める分限についての記述として妥当なのは，次のどれか。

1 任命権者は，職員がその職に必要な適格性を欠く場合，職員の意に反してこれを休職にすることができるが，免職にすることはできない。
2 任命権者は，職員が心身の故障のため長期の休養を要する場合，職員の意に反してこれを降任し，又は免職することができる。
3 職員は，条例で定める事由による場合でなければ，その意に反して降任されることはなく，また規則で定める事由による場合でなければ，その意に反して降給されることはない。
4 職員に対して，分限休職と分限降任の二つの処分を併せ行うことはできない。
5 任命権者は，地方公務員法又は条例で定める事由による場合でなければ，職員の意に反してこれを休職にすることはできないが，職員が刑事事件に関し起訴された場合はその意に反してこれを休職にすることができる。

| 正解チェック欄 | 1回目 | 2回目 | 3回目 | A |

1 誤り。職員がその職に必要な適格性を欠く場合，その意に反して，これを降任し，免職することができる（法28条1項3号）。
2 誤り。職員が心身の故障のため，長期の休養を要する場合，その意に反して，休職することができる（法28条2項1号）。
3 誤り。職員は，地方公務員法に定める事由による場合でなければ，その意に反して，降任されない（法27条2項）。また，条例で定める事由でなければ，その意に反して降給されない（法27条2項）
4 誤り。分限休職と分限降任の二つの処分を併せて行うことはできる（行実昭43.3.9）。
5 正しい。職員は地方公務員法又は条例で定める事由による場合でなければ，その意に反して休職されない（法27条2項）。刑事事件に関し起訴された場合は，法28条2項2号に規定してあるので，その意に反して，休職することができる。

正解 5

Q 47 分限処分──⑥失職と休職

★

地方公務員法に定める職員の失職と休職についての記述として妥当なのは，どれか。

1 職員が家庭裁判所により保佐開始の審判を受けた場合，その職員は法律上当然にその職を失うから，審判後にその職員の行った職務上の行為は無効となる。
2 職員が禁錮以上の刑に処せられたが執行が猶予された場合，任命権者はその職員に対して休職処分をなしうる。
3 職員が休職を希望し，任命権者がその必要を認めて休職処分をしても，職員の意に基づく休職はなんらの規定がないため，その休職処分は無効であるというのが，最高裁の判例である。
4 職員は刑事事件に関し起訴された場合，任命権者の処分を待つまでもなく，その職を失う。
5 職員が欠格条項に該当した場合に，その者が失職しない旨を，条例で定めることはできる。

| 正解チェック欄 | 1回目 | 2回目 | 3回目 | **A** |

1 誤り。職員が成年被後見人又は被保佐人に該当した場合，欠格条項により職員になることはできない（法16条1号）。この点で，法律上当然にその職を失うが，失職した公務員が行った職務上の行為は，事実上の公務員の行為として有効と解されている（行実昭41.3.31）。なお，事実上の公務員の行為とは，公務員のすべき行為を公務員でないものがしたときは，本来は無効の行為と認めるべきであるが，相手方が公務員のしたものと信頼するだけの相当の理由があったときは，有効と解する理論である。

2 誤り。禁錮以上の刑に処せられ，その執行を終わるまで又はその執行を受けることがなくなるまでの者は欠格条項に該当し（法16条2号）失職する。

3 誤り。判例は，休職は法28条2項各号の場合以外は，本来法律の予想するところではないが，職員本人が休職を希望し，任命権者がその必要を認めて行った依願休職処分はあえて無効としなければならないものではない（最判昭35.7.26）とする。

4 誤り。失職の事由ではなく，休職の事由である（法28条2項2号）。

5 正しい。法16条本文において欠格条項に該当する者は，条例で定める場合を除くほか，職員となり，又は，競争試験若しくは選考を受けることができないと規定している。なお，条例に定める適用除外規定は，失職しない特例規定であり，欠格条項の追加ではないとされている。

正解 5

Q48 懲戒処分──①対象及び手続

★

地方公務員法に定める懲戒に関する記述として妥当なのは，次のどれか。

1　任命権者の許可を受けて登録職員団体の業務にもっぱら従事するため無給休職とされている職員は，公務に従事せず，いかなる給与も支給されないから，この職員に対する停職処分や減給処分はその実益を欠き，無効である。

2　区市町村立学校の県費負担教職員の懲戒処分は，区市町村の教育委員会の内申に基づき，都道府県の教育委員会が行う。

3　減給処分については，その減額率を，1回の額が平均賃金の1日分の半額を超えず，総額が1賃金支払期における賃金の総額の10分の1を超えないように，条例で規定しておかなければならない。

4　任命権者は，職員の義務違反があった場合，臨時的任用職員については懲戒処分を行うことはできるが，条件付採用職員については，この期間中には懲戒処分を行うことはできない。

5　任命権者は，地方公営企業の職員及び単純労務職員については，懲戒処分を行うことはできない。

正解チェック欄

1 誤り。在籍専従職員や休職中の職員など職務に従事していない職員が地方公務員法の服務に関する規定，例えば，政治的行為の制限や争議行為等の禁止にふれたときはもっぱら法令違反の事由にのみ該当する（法 29 条 1 項 1 号）。停職処分，減給処分は可能である。

2 正しい。県費負担教職員の任命権者は原則として都道府県教育委員会とされているので，その懲戒処分は，市町村教育委員会の教育長の助言に基づく同委員会の内申によって都道府県教育委員会が行う（地方教育行政の組織及び運営に関する法律 38 条）。

3 誤り。職員のうち，地方公営企業の職員及び単純労務職員については労働基準法 91 条の規定が適用されているのでこのとおりだが，他の職員は適用されない。

4 誤り。分限処分と異なり，条件付採用期間中の職員及び臨時的任用職員の懲戒処分については，職務に従事している以上服務義務を負うことは当然であるので，懲戒に関する規定は全面的に適用される。臨時的任用職員は「常時勤務を要する職に欠員が生じた場合」に該当することを新たに要件に加え，その対象が限定される。これにより会計年度任用職員に移行が図られる。会計年度任用職員は，分限懲戒処分の対象となる（2020（平成 32）年 4 月 1 日施行）。

5 誤り。戒告，減給，停職の各処分を行うことができるほか，懲戒免職を行うことも可能である。なお，実際の運用としては，地方公営企業労働関係法 12 条の解雇を行うのが適当とする考えもあり，争いがあるが，懲戒処分ができないとまではいえないと理解して誤りとする。

正解 2

Q49 懲戒処分──②事由

★★

職員に対する懲戒の事由として妥当でないのは，次のどれか。

1 条例・規則又は規程に違反した場合
2 職務遂行上の義務に違反した場合
3 公務員の職に必要な適格性を欠く場合
4 公務員として職務を怠った場合
5 全体の奉仕者たるにふさわしくない非行のあった場合

| 正解チェック欄 | 1回目 | 2回目 | 3回目 | **A** |

　地方公務員法は懲戒処分の事由として，つぎの3つの場合を定めている（法29条1項各号）。

　a　地方公務員法若しくは同法57条に規定する同法の特例を定めた法律又はこれに基づく条例，地方公共団体の規則等に違反した場合

　b　職務上の義務に違反し，又は，職務を怠った場合

　c　全体の奉仕者たるにふさわしくない非行があった場合

　懲戒処分を行うためには，これらの各事由のいずれかに該当したこと，すなわち，それぞれの結果が発生したことが必要であるが，同時にその結果の発生につき，職員に故意又は過失があった場合でなければならない。

　3の「公務員の職に必要な適格性を欠く場合」は，分限処分に該当し，その意に反して，これを降任し，免職することができる（法28条1項3号）。

　以上の点から，1，2，4，5は正しい。3が誤りである。

正解　3

Q 50 懲戒処分──③種類及び手続

★★

懲戒処分に関する記述として妥当なのは，次のどれか。

1 任命権者は，職員に対して行った懲戒処分が軽すぎることを理由に，その処分を取り消して重いものに変更することができ，また，戒告処分を受けた職員が誠実に執務した場合には，その処分を消滅させることができる。

2 任命権者は，職員に対し，懲戒処分として免職，降任，降給又は戒告を行うことができ，また，一定の要件を満たす職員に対しては，懲戒処分の執行を猶予することができる。

3 任命権者は，収賄容疑で起訴された職員に対しては懲戒処分を行わなければならないが，この職員について無罪が確定したときには，その処分を分限処分に変更しなければならない。

4 任命権者は，条件付採用職員について懲戒事由があったとき，その期間中は懲戒処分を行うことはできないが，この職員が正式採用となったときには，先の事由について懲戒処分を行うことができる。

5 任命権者は，職員に対して懲戒処分を行う場合には，不利益処分に関する説明書の交付を行わなければならず，また，発令の日付を遡って懲戒処分を行ってはならない。

|正解チェック欄| 1回目 | 2回目 | 3回目 | **A** |

1 誤り。任命権者が一旦行った懲戒処分を取消，又は撤回することができるかについては，懲戒処分のように1回限りで完結する行政行為は，処分権者といえども取消し，又は撤回できず，その取消について正当に権限を有する機関，すなわち，人事委員会若しくは公平委員会の裁決・決定又は裁判所の判決によってのみ取消すことができる（最判昭50.5.23）。

2 誤り。懲戒処分は，免職，停職，減給，戒告である（法29条1項）。職員の懲戒の手続及び効果は，法律に特別の定めがある場合のほか，条例で定めなければならない（法29条4項）が，懲戒処分を消滅させる旨の条例を定めることはできないし（行実昭26.8.27），懲戒処分の執行猶予を条例で定めることもできない（行実昭27.11.18）。

3 誤り。起訴された職員を懲戒処分に付するか否かは任命権者の**裁量行為**であって義務的なものではない。無罪が確定したとき，その処分を分限処分に変更しなければならないものではない。

4 誤り。任命権者は，条件付採用職員に対して懲戒処分を行うことはできる（法29条の2・1項本文）。

5 正しい。任命権者は，職員に対し，懲戒その他その意に反すると認める不利益な処分を行う場合においては，その際，その職員に対し処分の事由を記載した説明書を交付しなければならない（法49条1項）。また，不利益処分については遡及（行為の始めにさかのぼること）して処分を行ってはならない。

正解　5

裁量行為

　法律は，しばしば内容の不明確な概念（例えば，「公益上必要が生じたとき」など）を用いて行政行為の要件や内容を定め，法律の具体的執行を行政庁の事案に適した裁量判断に委ねることが少なくないが，この裁量的判断に基づいて行われる行為を裁量行為という。

Q 51 懲戒処分──④範囲及び対象

★

懲戒処分に関する記述として妥当なのは，次のどれか。

1 職員が同一の地方公共団体において一度退職した後再び任用された場合，任命権者はその職員の退職前の義務違反が新たに明らかになったときは，この義務違反について懲戒処分をしなければならない。
2 職員が異なる地方公共団体の職を兼務している場合，職員の職務上又は身分上の義務違反について，一方の地方公共団体の任命権者が行った懲戒処分は，他方の地方公共団体の任命権者を拘束する。
3 任命権者は，職員に対して行った懲戒処分がその裁量において軽きに失したことを理由としてこれを取り消すことができ，この場合同一の義務違反について改めて懲戒処分をすることができる。
4 任命権者は，同一の職員に数個の義務違反がある場合，その個々の義務違反について別個の懲戒処分をすることはできず，その全体を勘案して一の懲戒処分をしなければならない。
5 職員が同一の地方公共団体において任命権者を異にして異動した場合，その任用行為は別個になされるが，前の任命権者の下における義務違反について，後の任命権者が懲戒処分にすることができる。

分限及び懲戒 —— 103

正解チェック欄　1回目　2回目　3回目　A

1 誤り。職員が一度退職したのちに再び任用されたときは，前の在職中の義務違反に対し後の在職時に懲戒処分を行うことは一定の要件に該当するときは**できる**（法29条2項）。

これは，懲戒処分は組織内部の規律を維持するためのものであるから，当該自治体の職員でなくなった場合には懲戒処分は不可能となる理論的な帰結として，退職後の再度任用の場合には退職以前の事由を根拠として懲戒処分ができないという形式理論を，立法（懲戒処分ができる旨の法改正）によって拒否したものである。

2 誤り。懲戒処分は，特別権力関係における秩序を維持するための制裁であるので，異なる地方公共団体の処分が他の地方公共団体の任命権者を拘束しない。

3 誤り。一度，有効に懲戒処分がなされた事実について重ねて懲戒処分を行うことは，職員の利益のために**一事不再議の原則**（一度決定した事項は，再度審議，決定することを許さないという原則）が適用されると考えられるので，認められない。

4 誤り。懲戒処分は，職員の個々の義務違反に基づいて行われるものであるが，その個々について別個の懲戒処分を行うことも，その全体を勘案して一の懲戒処分を行うことも可能である。

5 正しい。同一地方公共団体内で任命権者を異にする異動があった職員については，同一の特別権力関係に属しているのであるから，前の任命権者の下における義務違反について後の任命権者が懲戒処分を行うことは可能である（例，議会部局→市長部局）。

正解　5

特別権力関係

私人が住民としての立場で，国，地方公共団体と一般的な関係に立つのではなく，特別な従属関係にある関係。具体的には，公務員や国公立大学の学生などで，人権が内容的に制約され，裁判的な救済が限定されるなど（119頁解説2参照）。

Q 52 懲戒処分——⑤手続及び効果

★★

地方公務員法に定める懲戒処分についての記述のうち，正しいのは次のどれか。

1 職員は原則として労働基準法の規定の適用を受けるので，30日前までに解雇の予告をすることなく，かつ30日分以上の平均賃金を支払わずに職員を懲戒免職としてもこの免職処分は無効である。

2 懲戒処分のうち，停職は職員を職務に従事させないことを目的とするものであるから給料を支給することは差し支えない。

3 甲市の職員として懲戒免職の処分を受け2年を経過しない者であっても，乙市の職員として採用される場合には，地方公務員法上の欠格条項には該当しない。

4 懲戒の手続及び効果について条例で定めることはできない。

5 懲戒処分を行う場合には職員に不利益処分の説明書を交付しなければならず，これを欠く処分は無効である。

| 正解チェック欄 | 1回目 | 2回目 | 3回目 | **A** |

1 誤り。任命権者が，職員を懲戒免職しようとする場合においては，原則として少なくとも30日前に解雇の予告を行わなければならず，30日前に解雇予告しない場合には30日分以上の平均賃金を支払わなければならない（労働基準法20条1項本文，内閣法制局意見昭39.3.16）。また，解雇予告することなく，賃金を支払うことなく懲戒免職処分を行ったとしても重大明白な瑕疵はない。処分通知後30日の期間を経過するか，又はその後の予告手当の支払があったときには効力が生じる（最判昭35.3.11）。

2 誤り。停職は，職員を懲罰として職務に従事させない処分である。停職の場合は給与は支給されず，退職手当の計算の基礎となる期間からは除算される。なお，分限休職は，通常給料の全部又は一部が支給され，退職手当の計算の基礎となる期間には休職期間が通算される。

3 正しい。当該地方公共団体において懲戒免職の処分を受け，当該処分の日から2年を経過しない者は職員となることはできない（法16条1項3号）が，他の地方公共団体の職員にはなれる。

4 誤り。職員の懲戒の手続及び効果は，法律に特別の定めがある場合を除くほか，条例で定めなければならない（法29条4項）。

5 誤り。任命権者は，職員に対し，懲戒その他その意に反すると認める不利益な処分を行う場合は，その際，その職員に対し処分の事由を記載した説明書を交付しなければならない（法49条1項）。しかし，処分説明書の記載内容は，処分の効力に影響がなく処分説明書の**けん欠**は，処分の効力に影響がない（行実昭39.4.15）。

正解　3

けん欠

法律行為において，ある要件が欠けること。

Q 53 分限と懲戒──①相違点

★★★

分限処分と懲戒処分とに関する記述として妥当なのは、次のどれか。

1 分限処分は、主として職務の秩序を維持、回復することを目的としており、懲戒処分は、主として公務の能率を確保することを目的としている。

2 分限免職処分を受けた者に対する懲戒処分は行うことができるが、懲戒免職処分を受けた者に対する分限処分は行うことができない。

3 分限休職中の職員は、職員としての地位を保有しているので、地方公務員法の要件事実に該当する限り、休職を解くことなく懲戒免職処分を行い得る。

4 分限処分と懲戒処分との双方の法定事由に該当する場合、任命権者はどの処分を行うかの裁量権を有せず、被処分者に有利な処分を行わねばならない。

5 分限処分は、一の法定事由に対し二種類以上の処分を行うことはできないが、懲戒処分は、一の義務違反に対し二種類以上の処分を行い得る。

| 正解チェック欄 | 1回目 | 2回目 | 3回目 | A |

1 誤り。分限処分は，主として公務の能率を確保することを目的としており，懲戒処分は，主として職務の秩序を維持，回復することを目的としている（法27条参照）。

2 誤り。分限処分と懲戒処分には，同じ効果を有する種類のものがあり，このような処分を重ねて行うことの可否が問題となる。分限免職と懲戒免職の両方の事由に該当する職員がいる場合，一方の処分が先行すればそれによって職員の身分は失われ，他方の処分を行う余地はなくなるのであり，重ねて処分を行うことはありえない。ただし，原則として同一の任命権者が処分を行うものであり，しかも処分の効果（退職手当，共済年金，再度の任用等）が異なるものであるから，いずれの処分を行うかは事案に即して適切に判断すべきものである。分限免職と懲戒免職のいずれかと重なる以外は分限処分と懲戒処分とを重ねて行うことは可能である。

3 正しい。解説は，上記2のとおり。

4 誤り。同一の事由又は事実に基づいて，懲戒処分と分限処分をそれぞれ行うことができるかについて，いずれの処分を行うかは任命権者の裁量によるとされている（行実昭28.1.14）。なお，職員の特定の行為について，分限処分を行う場合と，懲戒処分を行う場合とでは，それぞれの目的に照らして評価の仕方が異なるから全くの自由裁量ではない。いずれか一方の処分を行うか，両者を行うかは，事案の内容に従って任命権者が適切に判断すべきものである。

5 誤り。懲戒処分の選択について，一個の義務違反に対し，二種類以上の懲戒処分を併課することはできない（行実昭29.4.15）。なお，分限処分については個々の事実に表わされる職員の状態に対して処分をするものなので二種類以上の処分はできる。

正解 3

Q54 分限と懲戒──②種類及び効果

★★★

地方公務員法に定める分限及び懲戒についての記述として妥当なのは，次のどれか。

1　地方公務員法は，職員の懲戒については，公正でなければならない旨を規定しているが分限についてはこうした規定は特にない。

2　職員は，地方公務員法で定める事由による場合でなければ分限処分を受けることはないが，懲戒処分については，条例で定める事由により，その意に反して処分を受ける場合がある。

3　地方公務員法で定める懲戒処分には，免職・停職・降給・戒告の4種がある。

4　分限処分は，任命権者が公務能率の維持向上のため，職員の意に反する不利益な処分を行うことができるとする制度であり，職員の身分保障について定めた規定とは趣旨が異なる。

5　任命権者が人事評価に照らして，勤務実績のよくない職員をその意に反して免職する場合，この免職処分には，当該職員に対する制裁としての意味はない。

正解チェック欄　A

1　誤り。すべて職員の分限及び懲戒については、公正でなければならない（法27条1項）。

2　誤り。職員は、この法律で定める事由による場合でなければ、その意に反して、降任され、若しくは免職されず、この法律又は条例で定める事由による場合でなければ、その意に反して、休職されず、また、条例で定める事由による場合でなければ、その意に反して降給されることがない（法27条2項）。職員は、この法律で定める事由でなければ、懲戒処分を受けることがない（法27条3項）。

3　誤り。懲戒処分には、戒告、減給、停職、免職の4種がある（法29条1項本文）。

4　誤り。職員の基本的な権利は、その身分の保障と給与その他の経済的権利の2つであり、さらにこれらを支えるために保障請求権（勤務条件措置要求、不利益処分に関する審査請求）、勤労基本権などが認められている。この中で身分保障は、職員の身分取扱におけるとくに重要な要素で、不利益な処分である分限処分及び懲戒処分を法律及びこれに基づく条例で定める場合以外は認めないという形で具体化されている（法27条参照）。

5　正しい。職員が、人事評価又は勤務の状況を示す事実に照らして、勤務実績がよくない場合、その意に反して免職できるが（法28条1項1号）、この処分は、分限免職処分である。分限免職処分は、公務能率を維持することを目的として不利益処分をするもので、職員の非違の責任を追及することを目的としている懲戒処分と異なる。

正解　5

Q 55 職員の離職

★

地方公共団体の職員の離職に関する記述として妥当なのは，次のどれか。

1 職員が地方公務員法に定める欠格条項に該当したときには，当然に分限免職処分を行わなければならない。
2 退職願いの撤回は，退職処分の通知を受ける以前には，信義則に反しない限り自由に行うことができる。
3 いわゆる勧奨退職については，その要件を条例で定めれば，本人の同意を得なくとも退職発令により職員を退職させることができる。
4 離職とは職員がその身分を失うことをいうが，本人の意に反していても離職することとなるのは，懲戒免職，分限免職及び定年退職だけである。
5 辞職は，本人の意志による離職なので辞職願いが任命権者に受理された時点で，直ちに離職の効力が発生する。

| 正解チェック欄 | 1回目 | 2回目 | 3回目 | |

1 誤り。職員が一定の事由に該当する場合に，なんらの処分によらず離職することを失職といい，処分（行政行為）を前提としていないので，分限処分ではない。しかし，職員の身分保障の例外をなすものであるので「分限」の一種とされる。なお，失職した旨を本人に通知することがあるとしても，それは，観念の通知であって行政処分ではない。

2 正しい。辞令交付前は，信義則に反しない限り自由に撤回しうる（最判昭34.6.26）。

3 誤り。職員には身分保障があるので，その意に反して退職させることができるのは，地方公務員法に基づく場合，すなわち，分限免職処分又は懲戒免職処分を行う場合に限られる。

4 誤り。下の区分からもわかるように，本人の意に反しても離職することとなるのは，設問にある懲戒免職，分限免職，定年退職の他に，欠格条項該当，任用期間満了がある。

5 誤り。辞職は，職員が自らの意志に基づき退職することをいうものであり，依願退職ともいう。職員は，退職願いを提出することによって当然かつ直ちに離職するのではなく，退職願いは本人の同意を確かめるための手続であり，その同意を要件とする退職発令（行政行為）が行われてはじめて離職する（高松高判昭35.3.31）。

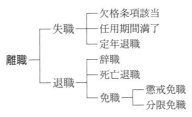

正解 2

Q56 定年退職——①性質及び内容

★

地方公務員法に定める職員の定年退職に関する記述として妥当なのはどれか。

1 地方公共団体の職員の定年の年齢は，医師，歯科医師を除き，60歳である。

2 一部の職員にのみ違う定年を定めることは，平等扱いの原則に反するので，地方公共団体の定年についてはすべての職を通じて同一の定年が定められなければならない。

3 非常勤職員には定年の規定の適用がないので，常勤職員の定年の年齢より高齢の者を採用することもできる。

4 地方公共団体の職員は，定年に達したときには，定年に達した日以後における最初の3月31日までの間において，条例で定める日に，免職処分を受けて退職する。

5 定年制は，本人の意志にかかわらず退職させる制度であるから，分限処分の一つである。

正解チェック欄 　1回目　2回目　3回目　**A**

1　誤り。定年退職は，地方公務員法28条の2の規定により職員が定年によって退職すべき日が到来したときは当然に離職することとなる。法では定年による「退職」と規定しているが，その法律的性質は失職である。職員の定年は原則として国の職員の定年を基準として条例で定めることとしている（法28条の2・2項）。

2　誤り。地方公共団体の職員に関しその職務と責任に特殊性があること又は欠員の補充が困難であることにより国の職員に定められている定年を基準として定めることが実情に即さないと認められるときは，当該職員の定年については，条例で別の定めをすることができる（法28条の2・3項）。なお，欠員の補充が困難な例として，僻地の医師，歯科医師，保健師等が該当する場合がある。これらの特例は，必ずしも職種ごとに定める必要はなく，特定の職，特定の地域における特定の職について定めることも可能である。ただし，具体的な職員を特定して定めることはできず，そのような場合は，法28条の3（定年による退職の時例），法28条の4（定年退職者等の再任用）の規定によるべきである。

3　正しい。臨時的任用職員等任期を定めて任用される職員及び非常勤職員には定年制は適用されない（法28条の2・4項）。

　　また，一般職の任期付職員の採用に関する法律の「短時間勤務職員」にも定年制は適用されない。なお，2020（平成32）年4月1日より施行の会計年度任用職員には定年制の適用はない。

4　誤り。職員が定年により退職するのは，「定年に達した日以後における最初の3月31日までの間」，すなわち，定年に達した日からその日の属する年度の末日までの間で，条例で定める日である（法28条の2・1項），ここまでは正しい。しかし，定年退職は，失職であり行政処分は不要である，ここが誤り。

5　誤り。定年退職は，処分を前提としないので分限処分ではない。

正解　3

Q 57 定年退職——②定年延長等

★

地方公務員法に定める定年退職についての記述として妥当なのは、次のどれか。

1 臨時職員にも、地方公務員法の定年退職に関する規定が適用される。

2 任命権者は、定年に達し退職すべきこととなった職員につき、その職員の退職により公務の運営に著しい支障が生ずると認められる十分な理由があるときは、条例の定めるところにより、その職員が本来退職すべき日の翌日から起算して1年を超えない範囲内で期限を定め、引き続き当該職務に勤務させることができる。

3 任命権者は、地方公共団体を定年退職した者について、3年を超えない範囲内で任期を定め、当該地方公共団体の常勤の職に再任用することができるが、その任期は更に1年を超えない範囲内で更新することができる。

4 職員の定年については国家公務員の定年をそのまま条例で定めることとされており国家公務員の定年と別の定めをすることはできない。

5 職員は、定年に達したときは、定年に達した日以後において任命権者の定める日に退職する。

| 正解チェック欄 | 1回目 | 2回目 | 3回目 | **A** |

1 誤り。法28条の2・4項により臨時職員には定年制は適用されない。
　なお、2020（平成32）年4月1日より施行の会計年度任用職員については定年制の適用はない。
2 正しい。法28条の3の定年延長は、もっぱら公務上の必要性に基づいて行われるものであるので、28条の4の定年退職者の再任用の場合のように個々の職員の具体的あるいは私的な事情は定年延長を判断する場合の決定的な要素ではない。
3 誤り。再任用の任期は、条例で1年を超えない範囲内で定めることとし、また、1年を超えない範囲内で更新することができる。
　ただし、任期の末日は、その者が条例で定める年齢（国に準じて最終的には65歳）に達する日以後における最初の3月31日までの間において条例で定める日以前である。
　また、短期間勤務の職への再任用の任期も同様である。
4 誤り。職員の定年は原則として国の職員の定年を基準として条例で定める（法28条の2・2項）。この規定は、特に別段の取扱いをする合理的理由がない限り、国家公務員と同一の定年を条例で定めなければならない。また、地方公務員法28条の2・3項により条例で定年について別の定めをすることができる。
5 誤り。条例で定める日（「定年退職日」という）に退職する（法28条の2・1項）。

正解　2

Q58 服務の根本基準

★

地方公務員法に定める服務の根本基準に関する記述のうち，妥当なのは次のどれか。

1 職務の義務のなかで，信用及び名誉を守る義務は，もっぱら職務遂行中においてだけ守るべき義務である。

2 職員の義務の中で，政治的行為の制限は，勤務時間の内外を問わず，職員たる身分を有する限り守るべき義務である。

3 職員の秘密を守るべき義務は，すべて職員たる身分を有することを限度として守るべき義務である。

4 地方公務員の全体の奉仕者性は地方公務員法でのみ定められている。

5 地方公務員法に定める服務の根本基準が適用されるのは一般職の公務員であり，特別職に準用されるのは公安委員会のみである。

義務（服務）—— 117

| 正解チェック欄 | 1回目 | 2回目 | 3回目 | |

1　誤り。職員はその職の信用を傷つけ，または職員の職全体の不名誉となるような行為をしてはならない（法33条）。不名誉となる行為は，職務に関連する非行も含まれるが，必ずしも直接に職務とは関係のない行為も含まれる。勤務時間外の行為も含まれる。

2　正しい。職員の政治的行為の制限は，職員の市民的自由の要請と政治的中立性の確保の要請との調和の問題である。具体的には，私生活の活動がその職務とは全く別のものと観念されるような社会的基盤がある場合には，職員の勤務時間外の政治活動は認めてもよいが，逆に職員の職務や地位が勤務時間の内外を問わず政治的影響力を及ぼすような社会状態であれば勤務時間外においても制約される。例えば，公の選挙における勧誘運動の禁止（法36条2項1号）は，選挙事務所で勤務時間外に無給で経理事務の手伝いをすることは該当せず，時間外に無給でポスターを貼付することは該当するおそれがある（行実昭26.4.12）。

3　誤り。秘密を守る義務は，職員の身分を離れた後も守るべき義務である（法34条1項）。

4　誤り。法30条で定められ，憲法15条2項では，すべて公務員は全体の奉仕者であって一部の奉仕者ではないと規定している。

5　誤り。人事委員会の常勤の委員にも適用されている（法9条の2・12項）。公安委員会委員は，警察法42条1項で準用。

正解　2

会計年度任用職員，臨時的任用職員について（2020年4月施行）

	会計年度任用職員（パートタイム）	会計年度任用職員（フルタイム）	臨時的任用職員
服　務	適用あり(法30～37)	適用あり（法30～38）	
分限処分	適用あり（法27，28）		適用なし（法29条の2）（条例で規定可）
懲戒処分	適用あり（法27，29）		適用あり(法27・1項,3項，29)

Q 59 服務の宣誓

★

地方公務員法に定める服務の宣誓に関する記述のうち妥当なのは，次のどれか。

1 職員の服務を宣誓する義務は，地方公務員法に定められているが，その内容及び手続については各地方公共団体が規則で定めることとされている。
2 条件付採用職員の採用の場合，採用時に服務の宣誓を行うことは差し支えないが，服務の宣誓義務は，正式採用時となってはじめて生じる。
3 服務の宣誓は，任命権者の面前で宣誓書に署名して行わなければならない。
4 職員は服務を宣誓する義務を負い，服務の宣誓をすることによって，職員に服務の義務が生じる。
5 職員の服務を宣誓する義務は，職員が服務上の義務を負うことを確認し宣言する事実上の行為であるが，宣誓を拒否する行為に対しては懲戒処分を行うことができる。

| 正解チェック欄 | 1回目 | 2回目 | 3回目 | **A** |

1 誤り。職員は，条例の定めるところにより，服務の宣誓をしなければならない（法31条）。
2 誤り。職員の服務上の義務は，宣誓をすることによって生じるものではなく，職員として採用されたこと，すなわち，特別権力関係に入ることによって当然に生じるものである。条件付採用職員は，採用時に特別権力関係に入る。特別権力関係は，Q51において説明したが，この言葉をなお用いるかどうか最近は異論が多い。判例も，部分的秩序があることを認めつつも（地方議会，国立大学の関係を，自立的な法規範を有する特殊な部分社会であるとしている。最判昭52.3.15），人権の制約は当該関係の目的に必要な限度にとどまるべきであるし，市民法秩序にも関係するような場合（例えば，学生の退学処分）には裁判所の司法審査が及ぶのであって，せいぜい，その際，処分権者の側に裁量が認められるだけである，という具合に相対化されてきている。本書では従来の考え方をもとに解説する。
3 誤り。服務の宣誓は，各地方公共団体の条例によって定めることとされている。具体的には，条例であらたに職員となった者は任命権者または任命権者が定める者の面前で宣誓書に署名して宣誓するよう規定することもできる。
4 誤り。職員の服務上の義務は，特別権力関係に入ることによって当然に生ずるものであり，服務の宣誓は，職員が服務上の義務を負うことを確認し，宣言する行為であるといってよい。したがって，条例に基づき宣誓すること自体は職員の義務であるが，宣誓によって特別の法的効果は生じない。
5 正しい。服務の宣誓を行うという事実行為自体は職員の義務であるから，職員の責めに帰すべき事由によりこれを行わなかったときは，服務義務違反となり懲戒処分ができる。

正解 5

Q60 職務命令の有効要件

★★★

職務命令の有効要件に関する記述として妥当なのは，次のどれか。

1 職務命令が有効であるためには，法律上又は事実上可能なものでなければならないので，消滅した物件の収用を命ずる職務命令は無効である。

2 職務命令が有効であるためには，直近の上司から発せられたことが必要であるので，A局長から直接A局のB係長に発した命令は無効である。

3 職務命令が有効であるためには，命令が部下職員の所掌事務に対するものでなければならないので，定められた制服の着用命令は無効である。

4 職務命令が有効であるためには文書によらなくてはならないので，規則等の定めの無い限り，口頭による職務命令は無効である。

5 職務命令が有効であるためには，行政機関に対して発せられたことが必要であるので職位名を欠いた公務員個人に対する職務命令は無効である。

義務（服務）——121

正解チェック欄　1回目　2回目　3回目　A

1　正しい。職務命令が有効に成立するためには，次の要件を充足していることが必要である（法32条）。(1)権限ある上司から発せられたこと　(2)職務上の命令は職務に関するものであること　(3)実行可能な職務命令であること。

　実行可能な職務命令とは，法律上または事実上の不能を命ずるものではないことをいう。法律上の不能とは，例えば，地方税の納税を済ませた者に対する差押の命令がなされた場合，政治的行為の制限に反する行為を命じられた場合，犯罪行為を命じられた場合などである。事実上の不能には，物理的不能と社会通念上の不能とがあり前者の例としては消滅した物件の収用を命令すること，後者の例としては知識，経験が皆無の者に工事の設計を命ずることなどである。

2　誤り。1の解説より有効である。ただし，上司が発した職務命令でなければならず，地位が上級であっても上司でない者が発した指示や依頼は職務命令たりえない。また，階層的に上下の関係にある二以上の上司が同一の事項について異なる職務命令を発したときは，上位の上司の職務命令が優先する。例えば，所属の部長と課長の命令が矛盾するときは部長の命令が優先し，その限りで課長の命令は効力を生じない。

3　誤り。職務命令は，職務上の命令と身分上の命令があるが，身分上の命令は特別権力関係に基づくものであるから，特別権力関係が設定された目的に従い，合理的な範囲内でなされなければならない。制服の着用を命ずること，名札やバッチの着用を命ずること（行実昭39.10.1）も可能である。

4　誤り。口頭によってもよい。

5　誤り。職務命令の手続及び形式は，職務命令の効力要件ではない。すなわち，その手続及び形式については，別段の制限はなく要式行為ではない。

正解　1

Q61 命令に従う義務

★★★

地方公務員法に定める職員の法令等及び上司の職務上の命令に従う義務に関する記述として妥当なのは次のどれか。

1 階層的に上下の関係にある2人以上の上司から職務命令が発せられ、それらが相互に矛盾する場合、職員は直近の上司の職務命令に拘束される。

2 職務命令は必ずしも職員の職務遂行に直接関係あるものに限られず、職務遂行上必要のある場合には、合理的範囲内において職員の生活行動の制限にも及ぶ。

3 職員は、自己の判断により上司の職務上の命令の適法性を判断することができ、違法と判断される職務命令に従う必要はない。

4 上司の職務上の命令に重大明白な瑕疵があっても、職員は当該命令に従わなければならない。ただし、命令に従ってもその結果について責任を負うことはない。

5 違法又は不当な上司の職務命令は職員に対して拘束力を有しないから、職員は常に職務命令に対する形式的審査権のほか実質的審査権を有している。

義務（服務）── 123

| 正解チェック欄 | 1回目 | 2回目 | 3回目 | **A** |

1 誤り。所属の部長と課長の命令が矛盾するときは部長の命令が優先し，その限りで課長の命令は効力を生じない。なお，上司とは身分的な上下ではなく，職務に関する職での上下の関係である。

2 正しい。職務命令は，職務上の命令と身分上の命令に区別することができる。前者は職務に直接関係する命令で，後者は例えば病気療養の命令，名札着用の命令などである。一般的には，身分上の命令は特別権力関係に基づくものであるから，合理的な範囲内でなされなければならない。制服の着用，名札やバッチの着用を命ずることも可能であり，過度の飲酒を慎むよう命ずること，マージャンなどの遊戯に没頭することを控えるよう命令することも，職務に悪影響のおそれがある場合には可能である。

3 誤り。職務命令が当然無効である場合，すなわち，職務命令に**重大かつ明白な瑕疵**がある場合には部下はこれに従う義務はない。これに対し，職務命令にその取消の原因となる瑕疵があるにとどまるとき，あるいは有効な命令であるかどうか疑義があるに過ぎないときは，職務命令は一応有効である推定を受ける。

4 誤り。重大明白な瑕疵のある命令は，無効な職務命令で従う必要はない。当然無効の職務命令に従った職員はその行為及びそれによって生じた結果について責任を負わなければならない。

5 誤り。重大明白な瑕疵のある命令は，無効な職務命令で拘束力を有しない。部下の職務命令に対する審査権とは，上司の職務命令が当然無効であるか否かを判別することであり，その判断は部下が行うというよりも客観的な認定と考えるべきものである。

正解　2

重大かつ明白な瑕疵（かし）

例えば，人違いで職務命令や懲戒処分をしたり，明らかに，現状は，ビルが建っている土地を農地として買収したりする行為。

Q 62 信用失墜行為——①対象及び罰則

★★

地方公務員法に規定する信用失墜行為の禁止に関する記述として妥当なのは，次のどれか。

1 信用失墜行為に関しては，職務に関する行為に限り地方公務員法上の罰則が適用されるが，職務と関係ない行為は懲戒処分の対象とされるのみである。

2 信用失墜行為に関しては，地方公務員法上の罰則規定はなく，職務に関する行為は懲戒処分の対象となり，職務に関係のない行為は分限処分の対象となる。

3 信用失墜行為に関しては，地方公務員法上の罰則規定はないが，職務に関する行為であると否とにかかわらず懲戒処分の対象となりうる。

4 信用失墜行為に関しては，刑法その他の刑罰規定に該当する限り懲戒処分の対象になりうるが，刑罰規定に該当しない場合は懲戒処分の対象とはならない。

5 信用失墜行為に関しては破廉恥罪の場合懲戒処分の対象となるが，それ以外の場合は懲戒処分の対象とならず訓告等事実上の措置を受けるにとどまる。

義務（服務）── 125

| 正解チェック欄 | 1回目 | 2回目 | 3回目 | A |

1 誤り。法60条，61条の罰則規定に信用失墜行為の規定はない。また，職員が職務の内外において非行を行い，職全体の信用を傷つけたときは，その職員を一員としている公務全体の不名誉となるものである。この職全体の信用を傷つけたときとは必ずしも直接に職務とは関係のない行為も含まれ，このような非行があったときは，懲戒処分の対象となる。法29条1項1号「この法律…に違反した場合」に該当すると同時に同項3号の「全体の奉仕者たるにふさわしくない非行のあった場合」にも該当する。
2 誤り。職務に関係のない行為も懲戒処分の対象となる。
3 正しい。**地方公務員法33条**。
4 誤り。具体的にどのような行為が信用失墜行為に該当するかということは，一般的な基準は立てがたいものであり，健全な社会通念に基づいて個々の場合について判断するほかない。例えば，職権濫用罪（刑法193条），収賄罪（刑法197条）など職務に関する罪に該当する場合はもとより，職務の執行とは直接関係ない飲酒運転の場合などが信用失墜行為に該当することは明白であり，また，このように刑罰に科せられる場合に限らず，例えば，争議行為の禁止違反のような服務規定違反もおおむね信用失墜行為に該当する。
5 誤り。**破廉恥罪**以外の場合でも懲戒処分の対象となる。

正解　3

地方公務員法33条

第33条（信用失墜行為の禁止） 職員は，その職の信用を傷つけ，又は職員の職全体の不名誉となるような行為をしてはならない。

破廉恥罪（はれんちざい）

社会道徳的に非難されるべき動機，原因からなされる犯罪。例えば，殺人罪，窃盗罪，強姦罪など。

Q 63 信用失墜行為——②基準及び対象

★★

地方公務員法に定める職員の信用失墜行為の禁止に関する記述として妥当なのは，次のどれか。

1 職員の信用失墜行為には，刑罰の対象とならない行為は含まれない。
2 どのような行為が信用失墜行為にあたるかについての一般的な基準はなく，社会通念に照らし，個別具体的に判断することになる。
3 人事委員会は，どのような行為が信用失墜行為にあたるかについての一般的な基準を定めなければならない。
4 職員の信用失墜行為には，職務に関連しない行為は含まれない。
5 職員の信用失墜行為には，勤務時間外にした行為は含まれない。

| 正解チェック欄 | 1回目 | 2回目 | 3回目 | A |

1 誤り。刑罰を科せられる場合に限らず，例えば，争議行為の禁止（法37条）違反も該当する。さらに，来庁者に対して粗暴な態度をとったという直接には他の服務規定に必ずしも違反しない行為もおおむね信用失墜行為に該当する。このような事例の場合には，それぞれの情況によって個別に判断せざるを得ないが，それは任命権の恣意的な判断を許すものではなく，客観的，社会的に納得される判断でなければならない。

2 正しい。具体的にどのような行為が信用失墜行為に該当するかということは，一般的な基準は立てがたいものであり，健全な社会通念に従って個々の場合について具体的に判断するほかない。

3 誤り。人事委員会が定めなければならないとの規定はない。

4 誤り。職務に直接関連しない行為も対象となる。

5 誤り。職員の職全体の不名誉となるような行為とは，例えば，職員が勤務時間外に飲酒運転を行ったとき，常習の賭博を行ったとき，道徳的に強い非難を受けるようなスキャンダルに関係したときなど，そのそれぞれが個人的な事件であったとしても職員としての身分のつながりから，公務全体あるいは職全体の信用が損なわれることになる場合である。

正解　2

Q 64 秘密を守る義務 ──①対象及び証言

★★★

地方公務員法に定める秘密を守る義務に関する記述として妥当なのは,次のどれか。

1 職員は,職務上知り得た秘密を漏らしたときは,服務上の義務違反として懲戒処分の対象となるが,刑罰の対象とはならない。
2 職員は,職務上知り得た秘密を漏らしてはならないが,この義務は,在職中だけではなくその職を退いた後にも課せられている。
3 職員は,自己の所管する職務に関する秘密を守る義務があるが,職務に関連して知った秘密で自己の所管外のものについては秘密を守る義務は課されていない。
4 職員は,当該地方公共団体の議会から,職務上の秘密に属する事項について証言を求められた場合には,必ず証言しなければならず,その証言にあたっては任命権者の許可を受ける必要はない。
5 職員は,人事委員会から職務上の秘密に属する事項について発表を求められた場合には,その発表については任命権者の許可を受けなければならないが,任命権者は理由を疎明してこれを拒否することができる。

義務（服務）── 129

| 正解チェック欄 | 1回目 | 2回目 | 3回目 | **A** |

1 誤り。法34条に違反して秘密を漏らした者は，1年以下の懲役又は50万円以下の罰金に処する（法60条1項2号）。
2 正しい。職員は職務上知り得た秘密を漏らしてはならない。その職を退いた後もまた同様とする（法34条1項）。
3 誤り。職務上知り得た秘密は，職員が職務の執行に関連して知り得た秘密であって，自ら担当する職務に関する秘密も当然に含まれるが，担当外の事項であっても職務に関連して知り得たものも含まれるのである。
4 誤り。法令による証人，鑑定人等となり，職務上の秘密に属する事項を発表する場合においては，任命権者の許可を受けなければならない（法34条2項）。この任命権者の許可は，**き束行為**として証人等としての証言の重要性を優先させているが，法律に特別の定めがある場合にはこの許可を与えないことができる（法34条3項）。
5 誤り。法34条3項の法律の特別の定めのある場合として，1）刑事事件において証人となることの承認を求められたときに，任命権者がその秘密を発表することが国の重大な利益を害することとなると判断したとき（刑事訴訟法144条等），2）議会から証言等を求められた任命権者が，その承認を拒む理由を疎明（一応確からしいとの推測をもたせる行為）し，公の利益を害する旨の声明を行った場合（自治法100条4項，5項）などがあるが，これら以外の場合，すなわち，民事事件に関する場合，人事委員会及び公平委員会に関する場合には必ず許可を与えなければならない。

正解　2

き 束 行 為

法律の規定が明確であって法の機械的執行として行われる行為で，行政庁独自の価値判断をさしはさむ余地はない行為。例えば非常勤職員の採用を条件付とするなど。

Q 65 秘密を守る義務——②許可及び罰則

★

地方公務員法に定める秘密を守る義務に関する記述として妥当なのは，次のどれか。

1 職員が，法令による証人，鑑定人等となり，職務上知り得た秘密を発表する場合にはその秘密が自己の担当する職務に関するものでなくても，任命権者の許可を受けなければならない。

2 人事委員会の権限によって行われる調査，審理に関して，職員が秘密に属する事項を発表する場合には，任命権者の許可を必要としない。

3 任命権者は，秘密を公表することが公の利益を害すると判断されるときでも，法律に特別の定めがある場合以外は秘密の公表を拒否することはできない。

4 退職した職員も秘密を守る義務を負うが，現に職員である者とは異なり，違反しても罰則の適用はない。

5 職務遂行中に知り得た事実で，職務に関係なく，たまたま見聞したものも，職務上知り得た秘密となる。

義務（服務）——131

| 正解チェック欄 | 1回目 | 2回目 | 3回目 |

1 誤り。職員が公表することについて，許可を受けなければならないのは，職務上の秘密に限られる。自ら担当する職務に係る秘密についてのみ公表が規制されるのである。したがって，職務上知り得た秘密で職務上の秘密ではないものについては，許可を要せず，証人，鑑定人等となった場合においても，一般の証言，鑑定等の原則に従って行為することになる。職員が職務に関係ない一私人として証言したり，鑑定する場合も同様である。

2 誤り。人事委員会及び公平委員会に関する場合，任命権者は必ず許可を与えなければならない。

3 正しい。法34条3項（129頁解説4参照）。

4 誤り。秘密を漏らした者が現に職員であるときは，服務規定である法34条違反として懲戒処分（法29条）の対象となると同時に，法60条2号の規定により1年以下の懲役又は50万円以下の罰金という刑罰の対象にもなる。秘密を守る義務は，その法益が公共又は個人の利益に直接かかわる問題であるので，**行政罰**（行政上の義務違反に対して科される罰）だけでなく**刑事罰**（社会的・道義的責任の追及のために科された罰）によってその法益を保護することとしている。さらに，かつて職員であった者が秘密を漏らしたときは，その者は既に特別権力関係の外にいるので，懲戒処分に付することはできないが，法60条2号の規定により刑事罰の対象となる。

5 誤り。職務上知り得た秘密とは，職務の執行に関連して知り得た秘密であって，自ら担当する職務に関する秘密も当然に含まれるが，担当外の事項であっても職務に関連して知り得たものも含まれる。たまたま見聞したものは含まれない。

正解　3

Q 66 秘密を守る義務──③秘密の意義

★★

地方公務員法に定める秘密を守る義務に関する記述として妥当なのは，次のどれか。

1 官公庁が秘密であることを明示している文書は，官公庁の専門的判断が尊重され，法律上の秘密に該当する。
2 「秘密」とは，単に官公庁が秘密扱いの指定をしただけではなく，実質的にもそれを秘密として保護するに値すると認められるものをいう。
3 職員に秘密を守る義務が課されているのは，職員に関する個人的な秘密の漏洩を防止することが主な目的である。
4 「職務上知り得た秘密」とは，「職務上の秘密」の中の一部で，職員が秘密であることを認識している事実をいう。
5 秘密とは，一般に了知されていない事実であって，それを一般に了知せしめることが一定の利益の侵害になると客観的に考えられるものをいい，その判断はもっぱら任命権者に委ねられている。

義務（服務）——133

| 正解チェック欄 | 1回目 | 2回目 | 3回目 | **A** |

1　誤り。秘密はそれが公的なものであるにせよ，私的なものであるにせよ，客観的にみて秘密に該当するもの，すなわち，「実質的秘密」でなければならないが（最判昭52.12.21），例えば，公的秘密についていえば，官公庁が秘密であることを明示している文書は，一応「形式的秘密」に該当し，それを管理する官公庁の専門的判断を信頼して第一次的には秘密の推定を受けるが，最終的には客観的に実質的秘密であるかどうかによって法律上の秘密に該当するか否かを決定しなければならない。

2　正しい。具体的な秘密の例として，人事委員会が使用を予定している試験問題，市町村が作成保管している犯罪人名簿が該当する。若干問題があるものとして，勤務成績の評定書や履歴事項を記録した文書などのいわゆる人事記録は，職員自身の公知されたくないという個人的利益を害することがあるので，一般には秘密事項とされている（行実昭37.8.10）。また，課税台帳の内容も個人的秘密に該当する。

3　誤り。行政の公正な運営を確保し，公の利益を保護することにより，住民の信頼に応えることが主な目的である。

4　誤り。職務上の秘密は職務上知り得た秘密の一部である。

5　誤り。秘密の判断が，もっぱら任命権者に委ねられているわけではない。秘密とは，一般に了知されていない事実をいうものであるから，当該職員以外は了知していない事実，あるいは一部の特定の者しか了知していない事実を，ひろく一般に知らしめる行為又は知らしめるおそれのある行為の一切をいうものである。例えば，秘密事項の漏洩を黙認するという不作為や第三者が不当に秘密文書を閲覧しているのをあえて見過ごすような場合である。また，その判断は，もっぱら任命権者に委ねられているわけではない。

正解　2

Q 67 職務専念義務──①適用範囲

★★★

地方公務員法に規定する職務専念義務に関する記述として妥当なのは，次のどれか。

1 職務専念義務を法律に基づき免除した任命権者は，その免除した勤務時間に対して給与を支払わなければならない。
2 職員は，職務上の注意力のすべてをその職責遂行のために用いなければならないが，その職務専念義務は勤務時間内に限られる。
3 法定受託事務は，職務専念義務の対象とならない。
4 勤務時間内に営利企業に従事することを許可された職員は，その許可によって当然に職務専念義務も免除される。
5 職務専念義務は，法律の特別の定めがある場合に限り免除することができ，条例に基づいては免除することができない。

| 正解チェック欄 | 1回目 | 2回目 | 3回目 | |

1 誤り。一般に職務専念義務を免除すれば、ノーワーク・ノーペイで給与を支給しないのが原則である。しかし職員団体の在籍専従職員の場合を除いて、給与条例で給与減額を免除する規定があれば、給与を支給することができる。

2 正しい。法30条は、「すべて職員は、(中略) 職務の遂行に当つては、全力を挙げてこれに専念しなければならない」とし、法35条は、「職員は、法律又は条例に特別の定がある場合を除く外、その勤務時間及び職務上の注意力のすべてをその職責遂行のために用い、当該地方公共団体がなすべき責を有する職務にのみ従事しなければならない」と規定している。この「勤務時間」は、当該職員に割り振られた勤務時間を意味し、正規の勤務時間のほか、命令を受けた超過勤務時間や休日出勤の時間も含むが、勤務時間以外の時間に職務専念義務がないことは当然である。

3 誤り。職務専念義務の対象は、法35条で「地方公共団体がなすべき責を有する職務」についてとされている。この地方公共団体がなすべき責を有する職務には、自治事務のほか、地方公共団体が執行する法定受託事務も含まれる。

4 誤り。営利企業従事等の許可(法38条)と職務専念義務の免除(法35条)とは性質目的が異なるので、それぞれ別個に判断される。前者は、身分上の義務(職務の内外を問わず、職員の身分を有する限りにおいて守るべき義務)とされ、職務の公正な執行の確保を目的としているのに対して、後者の義務は、職務上の義務(もっぱら職務遂行に関して守るべき義務)であり、公務の能率的な運営を目的とするものである。

5 誤り。職務専念義務は、法35条により法律又は条例に特別の定めがある場合は免除できる。逆に、法律又は条例に特別の定めがない場合は、任命権者の裁量による免除はできない。

正解 2

Q 68 職務専念義務——②免除

★★★

地方公務員法に規定する職務専念義務に関する記述として妥当なのは，次のどれか。

1 勤務時間中に勤務条件に関する措置の要求を人事委員会に対して行う場合は，法律又は条例に特別の定めがなくても，職務専念義務は免除される。

2 職務専念義務に違反した職員は，1年以下の懲役又は50万円以下の罰金に処せられる場合がある。

3 職員の職務専念義務が法律によって免除される場合の例として，分限処分による休職や懲戒処分による停職があげられる。

4 当局と適法な交渉を行うため職員団体から指名された職員は，職務専念義務の免除について任命権者から承認を得る必要はない。

5 地方公共団体が，いわゆる公益的法人に職員を派遣する場合は，法律又は条例に特別の定めがなくても，職務専念義務を免除することができる。

義務（服務）——137

| 正解チェック欄 | 1回目 | 2回目 | 3回目 | A |

1　誤り。勤務時間中に勤務条件に関する措置の要求を人事委員会に対して行う場合でも，法律又は条例に特別の定めがなければ，職務専念義務に抵触する（行実昭 27.2.29）。

2　誤り。職務専念義務に違反した職員は，法 29 条の懲戒処分の対象とはなっても，罰則の対象とはならない。

3　正しい。職員の職務専念義務が法律によって免除される場合の例としては，次のものがあげられる。修学部分休業（法 26 条の 2），高齢者部分休業（法 26 条の 3），休職（法 27 条 2 項，28 条 2 項），停職（法 29 条 1 項），在籍専従の許可（法 55 条の 2・1 項ただし書），適法な交渉（法 55 条 5 項，6 項，8 項），年次有給休暇（労働基準法 39 条），産前産後（同 65 条），育児時間（同 67 条），生理日（同 68 条），病者の就業禁止（労働安全衛生法 68 条），育児休業（育児休業法 2 条〜5 条）など。

　また条例に基づく場合としては，休日（国民の祝祭日，年末年始等）・休暇（労働基準法の基準を上回るもの），職務専念義務の免除に関する条例に基づく研修を受ける場合・厚生計画への参加・災害による交通遮断などがあげられる。

4　誤り。当局との適法な交渉であっても，職務専念義務の免除については，任命権者から承認を得なければならない。（行実昭 41.6.21）

5　誤り。地方公共団体が，いわゆる公益的法人に職員を派遣する場合にも，職務専念義務を免除するについて法律又は条例に特別の定めがあることが必要である。なお，公益的法人等への一般職の地方公務員の派遣等に関する法律が平成 14 年に施行され，派遣制度のルールの明確化が図られている。

正解　3

Q69 職務専念義務──③免除と給与の支給

★★

地方公務員法に定める職員の職務専念義務の免除と給与の支給に関する記述として妥当なのは，次のどれか。

1 職員は，職員団体の在籍専従職員として任命権者から許可された場合には，職務専念義務を免除され，その許可が効力を有する間は給与の支給を受けることができる。

2 職員は，勤務時間内に営利企業等に従事することについては人事委員会の許可が必要であり，その許可を受けた場合には，職務専念義務を免除されるが，給与の支給を受けることはできない。

3 職員は，法律上の権利である勤務条件に関する措置要求及び不利益処分に関する審査請求を勤務時間中に行う場合には，任命権者の許可を要せずに職務専念義務を免除されるが，給与の支給を受けることはできない。

4 職員は，勤務時間中に職員団体の活動に従事することについて，任命権者から職務専念義務の免除を受けた場合には，条例で定める場合以外は給与の支給を受けることはできない。

5 職員は，懲戒処分によって停職にされた場合には，その職を保有しないので，当然に職務専念義務を免除されるが，条例で定める場合以外は給与の支給を受けることはできない。

正解チェック欄　1回目　2回目　3回目　

1　誤り。職員は，職員団体の在籍専従職員として任命権者から許可された場合には，職務専念義務を免除されるが，その許可が効力を有する間は休職者としていかなる給与も支給されず，しかもその期間は退職手当の算定の基礎となる勤続期間にも算入されない（法55条の2・5項）。これは在籍専従職員が当局と対立関係に立つものであり，当局から便宜供与があると職員団体のための適切で自主的な行動を妨げるおそれがあることから定められた。

2　誤り。営利企業への従事等については人事委員会の許可ではなく，任命権者の許可が必要であり（法38条1項），勤務時間内であるために職務専念義務の免除も受けなくてはならない。従事期間について給与の支給を受けることができるかどうかは，給与条例に給与減額免除の規定があるかどうかによる。

3　誤り。職員は，法律上の権利である勤務条件に関する措置要求及び不利益処分に関する審査請求を行う場合にも，勤務時間中に行う場合には，法律又は条例に特別の定めがなければ，職務専念義務に抵触する（行実昭27.2.29）。条例に基づき任命権者から職務専念義務を免除されることが必要である。また給与の支給を受けることができるかどうかは，やはり給与条例に給与減額免除の規定があるかどうかによる。

4　正しい。職員は，原則として給与を受けながら職員団体のために活動することができないが，条例で例外を定めることができることになっている（法55条の2・6項）。

5　誤り。懲戒による停職処分は，非違行為（例えば法令違反，職務上の義務違反または全体の奉仕者としてふさわしくない非行など）をした職員に対して，懲罰として一定期間勤務をさせないという不利益を課するものであるから，専念すべき職務を奪うとともに，給与を支給しないのは当然である。条例で支給することを定めることもできないとされている。

正解　4

Q 70 政治的行為の制限──①禁止行為

★★★

地方公務員法に定める政治的行為の制限に関する記述として妥当なのは，次のどれか。

1 職員は，勤務時間の内外を問わず，政治的行為が制限されるが，現に職務に従事していない休職中又は停職中の職員は，政治的行為の制限を受けない。

2 職員は，特定の内閣や地方公共団体の執行機関を支持し，又はこれに反対する目的をもって，署名を行い，又は寄附金等を与えることを禁止されている。

3 職員は，公の選挙において，特定の候補者に投票するように勧誘運動をすることは，その職員の属する地方公共団体の区域の内外を問わず許されない。

4 職員は，政党その他の政治的団体の役員になることは禁止されているが，これらの団体の構成員となるように勧誘運動をすることは禁止されていない。

5 職員は，政党その他の政治的団体の結成に関与することを禁止されており，これに違反した場合には，刑罰の適用は受けないが，懲戒処分の対象になる。

義務（服務）── 141

| 正解チェック欄 | 1回目 | 2回目 | 3回目 | |

1 誤り。政治的行為の制限は、身分上の義務とされている。したがって勤務時間の内外を問わず、また現に職務に従事していない休職中又は停職中の職員も、政治的行為の制限を受ける。

2 誤り。職員は、特定の内閣や地方公共団体の執行機関を支持し、又はこれに反対する目的をもって、署名運動を企画、主宰したり、寄附金等の募集を行ったりすることは禁止されているが（法36条2項1号及び2号）、単に署名を行い、又は寄附金等を与えることまで禁止されているわけではない。

3 誤り。職員は、公の選挙において、特定の候補者に投票するように勧誘運動をすることが原則として禁止されているが、その職員の属する地方公共団体の区域外においては許されている（法36条2項ただし書）。地方公共団体の区域については、都道府県の支庁、地方事務所又は政令指定都市の区に勤務する者であるときは、それぞれ当該支庁、地方事務所又は区の所管区域を意味する。

4 誤り。職員が政党その他の政治的団体に関連して禁止されている行為は、①結成に関与すること、②役員になること、③構成員となるように又はならないように勧誘運動をすることである（法36条1項）。

5 正しい。職員は、政党その他の政治的団体の結成に関与することを禁止されている（法36条1項）。ここにいう「政党その他の政治的団体」は、政治資金規正法3条にいう「政治団体」と同じ意味である。結成に関与することが禁止されているのは、政党等の本部だけではなく、支部をも含むものである。これに違反した場合には、法29条1項1号（法令違反）に該当し、懲戒処分の対象となるが、刑罰の適用は受けない。

正解　5

Q 71 政治的行為の制限——②職種等による相違

★

地方公務員の政治的行為の制限に関する記述として妥当なのは，次のどれか。

1 職員団体の業務に専ら従事するA市の職員が，特定の政党を支持する目的をもって，B市の庁舎の掲示板にその政党の宣伝ポスターを貼ることは許される。

2 A市の職員が，地方自治法の改正に反対する目的で，A市の区域内で署名運動を企画し，又は主宰する等これに積極的に関与することは許される。

3 刑事休職中のA市の職員が，B市の区域内において，特定の政党の構成員となるように勧誘運動をすることは許される。

4 A市の公営企業の職員が，A市の市民団体が行う寄附金の募集に応じて，自分の財布から寄附することは許されない。

5 A市の公立学校の教員が，B市の現市長を支持する目的をもって，B市の市長選挙で投票をするように勧誘運動をすることは許される。

義務（服務）——143

| 正解チェック欄 | 1回目 | 2回目 | 3回目 | **A** |

1 誤り。職員は，特定の政党を支持する目的をもって，文書又は図画を地方公共団体の庁舎，施設等に掲示してはならない（法36条2項4号）。この禁止は，在籍専従で休職中の職員についても適用があり，また勤務する区域の内外を問わない。

2 正しい。法36条2項で禁止される政治的行為には，行為者の特別な意図，目的が要件とされる。すなわち「特定の政党その他の政治的団体又は特定の内閣若しくは地方公共団体の執行機関を支持し，又はこれに反対する目的」，あるいは「公の選挙又は投票において特定の人又は事件を支持し，又はこれに反対する目的」である。したがって，単に地方自治法改正に反対する目的で，署名運動に積極的に関与することは許される（行実昭27.7.29）。

3 誤り。政治的行為の制限は，現に職務に従事していない休職中又は停職中の職員にも適用される。したがって刑事休職中の職員が，特定の政党の構成員となるように勧誘運動をすることは許されず，またこの禁止は区域の内外を問わない（法36条1項）。

4 誤り。一般に公営企業の職員には法36条の政治的行為の制限が適用されない（地公企法39条2項）。また寄附金等の募集活動を計画，主宰するのではなく，単に寄附金等を与えるだけであれば，企業職員でなくても許される。

5 誤り。職員は，地方公共団体の執行機関を支持する目的をもって，公の選挙等において投票の勧誘運動が禁止されている（法36条2項1号）が，当該職員の属する地方公共団体の区域外であれば許されている。しかし教育公務員については，その職務と責任の特殊性に基づき，より厳格な制限が課せられ，その制限は特定の地域に限定されない（教育公務員特例法18条1項，国家公務員法102条）。したがってA市の公立学校の教員が，B市の現市長を支持する目的をもって，B市の市長選挙で投票をするように勧誘運動をすることは許されない。

正解　2

Q72 政治的行為の制限──③政治的目的

★★★

地方公務員法上一定の政治的目的をもっていなくても禁止されるものの組み合わせとして正しいものはどれか。

A 政治的団体の構成員となるように勧誘運動すること
B 署名運動を企画し，これに積極的に関与すること
C 政党の結成に関与すること
D 公の選挙において投票するように勧誘運動すること
E 寄附金の募集に積極的に関与すること

1 A, C
2 B, D
3 C, E
4 A, D
5 B, E

| 正解チェック欄 | 1回目 | 2回目 | 3回目 | A |

1 正しい。法36条で禁止する政治的行為のうち，行為者の目的を要件としていないのは，政党の結成に関与すること，政治的団体の役員となること又は政治的団体の構成員となるように，あるいはならないように勧誘運動することである（法36条1項）。したがってAとCがこれにあたる。行為者の目的を要件とするものには，投票の勧誘運動，署名運動，寄附募集，文書等の庁舎への掲示などがある（法36条2項）。

2 誤り。
3 誤り。
4 誤り。
5 誤り。

正解 1

Q73 政治的行為の制限——④区域

★★

地方公務員法上，職員の属する地方公共団体の区域のいかんを問わず禁止されている職員の政治的行為は，次のどれか。

1 特定の政治的目的をもって，寄附金その他の金品の募集に関与すること。

2 政治的目的の有無を問わず，条例で定める政治的行為をすること。

3 特定の政治的目的をもって，文書又は図画を地方公共団体の庁舎，施設等に掲示すること。

4 政治的目的の有無を問わず，公の選挙又は投票において投票するように勧誘運動をすること。

5 特定の政治的目的をもって，署名運動を企画し又は主宰する等これに積極的に関与すること。

| 正解チェック欄 | 1回目 | 2回目 | 3回目 | |

1 誤り。特定の政治的目的をもって，寄附金その他の金品の募集に関与することは，職員の属する地方公共団体の区域内でのみ禁止されている（法36条2項3号）。

2 誤り。条例で定める政治的行為をすることは，職員の属する地方公共団体の区域内でのみ禁止されている（法36条2項5号）。なお政治的目的は要件である。

3 正しい。特定の政治的目的をもって，文書又は図画を地方公共団体の庁舎，施設等に掲示することは，職員の属する地方公共団体の区域のいかんを問わず禁止されている。（法36条2項4号）なお，区域のいかんを問わず禁止される政治的行為としては，政党の結成に関与すること，政治的団体の役員となること，政治的団体の構成員になるように，あるいはならないように勧誘運動すること（法36条1項）があるが，これらは政治的目的も要件とされていない。

4 誤り。公の選挙又は投票において投票するように勧誘運動をすることは，職員の属する地方公共団体の区域内でのみ禁止されている（法36条2項1号）。なお政治的目的は要件である。

5 誤り。特定の政治的目的をもって，署名運動を企画し又は主宰する等これに積極的に関与することは，職員の属する地方公共団体の区域内でのみ禁止されている（法36条2項2号）。

正解　3

Q 74 政治的行為の制限──⑤区域

★★

地方公務員法に定める政治的行為の制限に関する記述として妥当なのは，次のどれか。

1 職員は，当該職員の属する地方公共団体の区域外においては，政党その他の政治的団体の構成員になるように勧誘運動をすることができる。

2 職員は，当該職員の属する地方公共団体の区域外においては，特定の政党を支持する目的をもって，文書を地方公共団体の庁舎に掲示することができる。

3 職員は，いかなる区域においても，政党その他の政治的団体の結成に関与してはならず，またこれらの団体の役員になってはならない。

4 職員は，いかなる区域においても，特定の政党又は地方公共団体の執行機関を支持する目的をもって，署名運動を企画してはならない。

5 職員は，いかなる区域においても，特定の政党又は内閣に反対する目的をもって，寄附金その他の金品の募集に関与してはならない。

義務（服務）——149

| 正解チェック欄 | 1回目 | 2回目 | 3回目 | **A** |

1 誤り。職員は，当該職員の属する地方公共団体の区域の内外を問わず，政党その他の政治的団体の構成員になるように勧誘運動をすることができない（法36条1項）。

2 誤り。職員は，当該職員の属する地方公共団体の区域の内外を問わず，特定の政党を支持する目的をもって，文書を地方公共団体の庁舎に掲示することができない（法36条2項4号）。

3 正しい。職員は，いかなる区域においても，政党その他の政治的団体の結成に関与してはならず，またこれらの団体の役員になってはならない（法36条1項）。

4 誤り。職員は，当該職員の属する地方公共団体の区域の外であれば，特定の政党又は地方公共団体の執行機関を支持する目的をもって，署名運動を企画することが許されている（法36条2項2号）。

5 誤り。職員は，当該職員の属する地方公共団体の区域の外であれば，特定の政党又は内閣に反対する目的をもって，寄附金その他の金品の募集に関与することが許されている（法36条2項3号）。

正解 3

Q 75 争議行為等の禁止──①禁止行為と責任

★★

地方公務員法に定める争議行為等の禁止に関する記述として妥当なのは，次のどれか。

1 職員は，地方公共団体の機関が代表する使用者としての住民に対して，争議行為又は怠業的行為を行ってはならないが，怠業的行為のうち経済的要求に基づくものに限って，これを行うことができる。

2 職員は，争議行為又は怠業的行為を行ってはならないが，その対象が地方公共団体の機関が代表する使用者としての住民に対するものでない場合に限って，これを行うことができる。

3 職員は，争議行為を実行する行為又はこれを助長する行為を行ってはならないが，争議行為を実行した場合，その行為に対して，刑事責任を問われることはない。

4 何人も，争議行為を実行する行為又はこれを助長する行為を行ってはならないが，争議行為を助長した場合，その行為に対して，刑事責任を問われることはない。

5 何人も，争議行為を実行する行為を行ってはならないが，争議行為を実行した場合，その行為によって生じた地方公共団体の損害に対して，民事責任を問われることはない。

義務（服務）

正解チェック欄 1回目 / 2回目 / 3回目　　**A**

1　誤り。禁止される争議行為又は怠業的行為は，その目的のいかんを問わず，職員が組織的に地方公共団体の事務の運営を阻害し，能率を低下させる行為の一切をいうものとされる。したがって怠業的行為であれば，経済的要求のものか，同情的なものか，政治的なものかを問わず，これを行うことは許されない。

2　誤り。職員は，「地方公共団体の機関が代表する使用者としての住民に対して」争議行為又は怠業的行為を行ってはならない。もともと争議行為等とは，職員が団体活動として使用者の下から労働力を引き上げ，又は使用者に対する労働力の提供を遅滞させる事実を言うのであるから，争議行為等の相手方が住民でなければ，これを行うことができるというのは，争議行為等の実態にそぐわない議論である。

3　正しい。職員は，争議行為を実行する行為又はこれを助長する行為を行ってはならない（法37条1項前段）が，争議行為の実行に対しては，刑罰の適用がなく，助長等の行為に対してのみ罰則を科することとしている。すなわち何人も，争議行為を共謀し，そそのかし，あおり，又はこれらの行為を企てた者は，3年以下の懲役又は100万円以下の罰金に処せられる（法61条4号）。これは争議行為を未然に防止することに主眼を置き，その準備行為を罰する手法をとったものと解されている。

4　誤り。刑事責任を問われる。争議行為を助長した場合，その行為に対して，3年以下の懲役又は100万円以下の罰金に処せられる（法61条4号）。

5　誤り。争議行為を実行した場合，それによって生じた地方公共団体の損害に対して，不法行為による損害賠償の責任を問われることがある（民法709条）。これに対し民間企業の労働組合の場合には，正当な争議行為という概念があり，使用者に損害を与えても民事責任は免責される（労働組合法8条）。

正解　3

Q 76 争議行為等の禁止──②職種等による相違

★★

地方公務員の争議行為等の禁止に関する記述として妥当なのは，次のどれか。

1 地方公営企業の職員は，争議行為を禁止されていない。
2 単純労務職員は，争議行為を禁止されていない。
3 職員でない者が争議行為をそそのかした場合，罰則の適用がある。
4 争議行為に参加しただけの職員は，罰則，懲戒処分の対象とはならない。
5 地方公営企業職員が争議行為を行ったときは，地方公営企業はロック・アウトでこれに対抗することができる。

| 正解チェック欄 | 1回目 | 2回目 | 3回目 | **A** |

1 誤り。地方公営企業の職員には，争議行為の禁止を定める法37条の適用がないが（地公企法39条），地方公営企業労働関係法11条1項により争議行為を禁止されている。

2 誤り。単純労務職員には，争議行為の禁止を定める法37条の適用がないが（法57条，地公労法附則5項，地公企法39条），地方公営企業労働関係法11条1項により争議行為を禁止されている。

なお，会計年度任用職員については，一般職なので，争議行為等の禁止や政治的行為の制限の適用があることに留意すべきである。

3 正しい。法37条1項後段で，何人も，争議行為の企画，共謀，**そそのかし**又は**あおり**を行ってはならないとし，これに違反すると3年以下の懲役又は100万円以下の罰金に処せられる（法61条4号）。

4 誤り。争議行為に参加しただけの職員は，罰則の対象にはならないが，法令違反で懲戒処分の対象にはなる。

5 誤り。地方公営企業職員が争議行為を行ったときでも，地方公営企業側は作業所閉鎖をしてはならない（地公労法11条2項）。

正解　3

そそのかし
争議行為等を実行する決意を新たに生じさせるように勧めることである。教唆（きょうさ）と同じ意味である。

あ　お　り
いわゆる扇動（せんどう）のことであり，文書，図画または言動によって，職員に対し争議行為等を実行する決意を生じさせるような，または既に生じている決意を助長させるような勢いのある刺激を与えることである。

Q 77 営利企業への従事等制限——①報酬と許可

★★

地方公務員法に定める職員（非常勤職員を除く）の営利企業への従事等制限に関する記述として妥当なのは，次のどれか。

1 職員は，自ら営利を目的とする私企業を営む場合であっても，報酬を得なければ，任命権者の許可を受ける必要はない。
2 職員は，営利を目的とする私企業を営むことを目的とする団体の役員になる場合であっても，報酬を得なければ，任命権者の許可を受ける必要はない。
3 職員は，自ら営利を目的とする私企業を営む場合であっても，勤務時間外であれば，任命権者の許可を受ける必要はない。
4 職員は，任命権者の許可を受けなければ，報酬を得ていかなる事業又は事務にも従事してはならない。
5 職員は，人事委員会の許可を受ければ，自ら営利を目的とする私企業を営むことができる。

義務（服務）——155

| 正解チェック欄 | 1回目 | 2回目 | 3回目 | A |

1 誤り。職員は，自ら営利企業を営む場合には，無報酬であっても，任命権者の許可が必要である（法38条1項）。
2 誤り。職員は，営利企業を営むことを目的とする団体の役員になる場合には，無報酬であっても，任命権者の許可を受ける必要がある（法38条1項）。
3 誤り。営利企業への従事等制限は，身分上の義務とされ，勤務時間の内外を問わず適用がある。したがって職員は，自ら営利を目的とする私企業を営む場合には，たとえ勤務時間外であっても，任命権者の許可を受ける必要がある。
4 正しい。職員は，任命権者の許可を受けなければ，報酬を得ていかなる事業又は事務にも従事してはならない（法38条1項）。
5 誤り。営利企業への従事等の許可は，人事委員会ではなく，任命権者から受ける必要がある（法38条1項）。

正解　4

非常勤職員の営利企業への従事等制限

平成29年法改正により非常勤職員のうち，任期付短時間職員，再任用短時間職員及びフルタイムの会計年度任用職員は，本制限の対象となるが，パートタイムの会計年度任用職員などは対象外とされた（法38条1項ただし書，2020（平成32）年4月1日施行）。

Q 78 営利企業への従事等制限——②許可の基準等

★

地方公務員法に定める職員（非常勤職員を除く）の営利企業への従事等制限に関する記述として妥当なのは，次のどれか。

1 職員の営利企業への従事等は，職務専念義務により原則として禁止されているが，職務専念義務の対象外である勤務時間外に従事することは禁止されていない。

2 職員の営利企業への従事等に関して任命権者が規則で許可の基準を定めることはできるが，任命権者がその基準を定める場合には，事前に人事委員会と協議しなければならない。

3 職員が，講演料や原稿料を得て講演や原稿作成を行う場合には任命権者の許可を要するが，講演料や原稿料を得ないで行う場合には，任命権者の許可を要しない。

4 職員が，任命権者の許可なく，農業協同組合等の営利を目的としない団体の役員に就くことはできるが，報酬を得てこれらの団体の役員に就く場合には，任命権者の許可を要する。

5 職員が，任命権者の許可なく営利企業への従事等をした場合には罰則が適用されるが，任命権者の許可を受けても職務専念義務の免除を得ずに従事した場合には懲戒処分の対象となる。

義務（服務）——157

正解チェック欄　1回目　2回目　3回目　A

1　誤り。職員の営利企業への従事等制限は、職員が職務に専念する環境を確保するとともに、職務の公正を保持することを目的としている。したがって職務専念義務と異なり、いわゆる身分上の義務とされ、勤務時間外に従事することも原則として禁止されている。

2　誤り。法38条2項は、職員の営利企業への従事等に関して人事委員会が規則で許可の基準を定めることができる旨を規定するにとどまり、任命権者がその基準を定める場合に、事前に人事委員会と協議しなければならないことまで規定していない。

3　誤り。職員が、講演料や原稿料を得て講演や原稿作成を行う場合には、任命権者の許可を要しないと解されている。

4　正しい。農業協同組合や水産業協同組合等は、実質的には営利活動を行っているが、それぞれの特別法（農業協同組合法、水産業協同組合法等）により営利を目的とはしないものとされているので、法38条の営利企業にあたらないと解されている（行実昭26.5.14）。

　したがって職員は、任命権者の許可なく、農業協同組合等の団体の役員に就くことはできるが、報酬を得る場合には、任命権者の許可を要する（法38条1項）。

5　誤り。職員が、任命権者の許可なく営利企業への従事等をした場合であっても、罰則の適用はない。営利企業への従事等が勤務時間内のことであれば、任命権者の許可を受けても職務専念義務の免除を得ずに従事した場合には、法35条違反として懲戒処分の対象となるので、後段は部分的に正しい。

正解　4

Q 79 営利企業への従事等制限──③制限される行為

★★★

地方公務員法に定める職員(非常勤職員を除く)の営利企業への従事等制限に関する記述として妥当なのは、次のどれか。

1 職員は、自ら営利を目的とする私企業を営むことは、いかなる場合にもできない。

2 職員は、営利を目的とする私企業を営むことを目的とする会社の役員を兼ねることは、いかなる場合にもできない。

3 職員は、他の事務に従事する場合には、それが報酬を得ないときであっても、従事について任命権者の許可を受けなければならない。

4 職員は、休職中の場合には、任命権者の許可を受けることなく、自ら営利を目的とする私企業を営むことができる。

5 職員は、報酬を得て他の事務に従事する場合には、それが勤務時間外であっても、任命権者の許可を受けなければならない。

| 正解チェック欄 | 1回目 | 2回目 | 3回目 | A |

1 誤り。職員は，任命権者から許可を得たときは，自ら営利企業を営むことができる（法38条1項）。
2 誤り。職員は，任命権者から許可を得たときは，商業，工業又は金融業その他営利を目的とする私企業を営むことを目的とする会社の役員を兼ねることができる（法38条1項）。
3 誤り。職員は，無報酬で他の事務に従事する場合には，仮にそれが勤務時間中の従事であれば任命権者から職務専念義務の免除を受ける必要はあるが，法38条1項の従事について任命権者の許可は必要としない。
4 誤り。営利企業への従事等制限は身分上の義務なので，たとえ休職中の場合であっても，任命権者の許可を受けることなく，自ら営利を目的とする私企業を営むことはできない。
5 正しい。営利企業への従事等制限は身分上の義務なので，たとえそれが勤務時間外であっても，職員は，報酬を得て他の事務に従事する場合には，任命権者の許可を受けなければならない。

正解 5

Q 80 営利企業への従事等制限——④勤務時間の内外等

★★★

地方公務員法に定める職員（非常勤職員を除く）の営利企業への従事等制限に関する記述として妥当なのは，次のどれか。

1 職員は，自ら営利を目的とする私企業を営む場合，それに携わる時間が勤務時間外であれば任命権者の許可を受ける必要はない。

2 職員は，報酬を得て他の事業に従事する場合，その従事する時間が勤務時間外であっても任命権者の許可を受けなければならない。

3 職員は，報酬を得て他の事業に従事する場合，その事業が営利を目的としないときは任命権者の許可を受ける必要はない。

4 職員は，営利を目的とする企業の事業に従事する場合は，無報酬で，かつ勤務時間外であっても，任命権者の許可を受けなければならない。

5 職員は，分限休職の期間においては，報酬を得て他の事業に従事することができ，その従事について任命権者の許可を受ける必要はない。

| | 正解チェック欄 | 1回目 | 2回目 | 3回目 | | A |

1 誤り。営利企業への従事等制限は身分上の義務であるので，たとえ勤務時間外であっても，職員は，自ら営利を目的とする私企業を営む場合には，任命権者の許可を受ける必要がある。
2 正しい。営利企業への従事等制限は身分上の義務であるので，たとえ勤務時間外であっても，職員は，報酬を得て他の事業に従事する場合には，任命権者の許可を受けなければならない。
3 誤り。職員は，報酬を得て他の事業に従事する場合，その事業が「いかなる事業」であっても，任命権者の許可が必要である（法38条1項）。
4 誤り。職員は，無報酬であっても，自ら営利企業を経営したり，役員になったりする場合は，任命権者の許可が必要であるが，単に事業に従事するだけであれば，任命権者の許可を必要としない。
5 誤り。営利企業への従事等制限は身分上の義務であるので，たとえ分限休職の期間であっても，職員は，報酬を得て他の事業に従事するについて任命権者の許可を受けなければならない。

正解 2

Q 81 営利企業への従事等制限──⑤許可の要否

★★

地方公務員法に定める職員（非常勤職員を除く）の営利企業への従事等制限に関する記述として妥当なのは，次のどれか。

1 職員は，農業協同組合，森林組合等の営利を目的としない団体の役員となって報酬を得ることについては，任命権者の許可は必要とされていない。

2 職員は，その家族が営む私企業の事務に従事して報酬を得ることについては，任命権者の許可を必要とされていない。

3 職員は，任命権者の許可を受けないで営利企業に従事した場合には，懲戒処分の対象となるほか，職員とその企業との契約が無効となる。

4 職員は，寺院の住職の職を兼ね，法要を営む際などに御布施を受けている場合には，任命権者の許可を得ることが必要であるとされている。

5 職員は，地方公共団体の特別職の職を兼ねて，その報酬を得ることについては，任命権者の許可を得ることが必要であるとされている。

義務（服務）—— 163

|正解チェック欄| 1回目 | 2回目 | 3回目 | **A** |

1 誤り。職員が，農業協同組合，森林組合等の営利を目的としない団体の役員となることについて任命権者の許可は必要とされていないが，報酬を得ることについては，任命権者の許可が必要となる（法38条1項）。

2 誤り。職員が，その家族が営む私企業の事務に従事して報酬を得ることについては，任命権者の許可が必要である。

3 誤り。職員が，任命権者の許可を受けないで営利企業に従事等をした場合には，法38条違反として懲戒処分の対象とはなるが，職員とその企業との契約が無効となるわけではない。

4 誤り。職員は，寺院の住職の職を兼ね，法要を営む際などに御布施を受けている場合には，一般的には「報酬」とは考えられないので，任命権者の許可を必要としない（行実昭26.6.20）。

5 正しい。職員が，地方公共団体の特別職の職を兼ねて，その報酬を得ることについては，任命権者の許可を得ることが必要であるとされている（特別職一般について　行実昭26.3.12，税務課長が固定資産評価員を兼ねることについて　行実昭26.3.3，職員が農業委員会の委員を兼ねることについて　行実昭26.8.27）。

正解　5

Q.82 退職管理──①依頼等の規制

★★★

　地方公共団体を離職後に営利企業等に再就職した元職員は，当該地方公共団体の職員に対して，離職前の職務に属する契約等の事務に関して，職務上の行為をするように，又はしないように要求や依頼をするなどの働きかけが地方公務員法で禁止される場合がある。このことに関して妥当なのは，次のどれか。

1　再就職した元職員の依頼等の働きかけが禁止されるのは，離職後3年間である。

2　再就職した元職員の依頼等の働きかけが禁止されるのは，離職前3年間の職務に属するものに関してである。

3　再就職した元職員の依頼等の働きかけが禁止されるのは，離職後に営利企業に再就職した場合に限られ，非営利法人に再就職した場合は該当しない。

4　再就職した元職員の依頼等の働きかけが禁止されるのは，臨時的に任用された職員であった者は除かれるが，条件付採用期間中の職員であった者は含まれる。

5　再就職した元職員の依頼等の働きかけが禁止されるのは，契約事務だけでなく，当該営利企業等に対して行われる行政手続法上の処分に関しても対象となる。

| 正解チェック欄 | 1回目 | 2回目 | 3回目 | **A** |

1 誤り。再就職した元職員の依頼等の働きかけを禁止する趣旨は，在職時の影響力を行使することにより，職務の公正な執行及び公務に対する住民の信頼を損ねることのないようにすることにある。この制限は，原則として離職後2年間である（法38条の2・1項）。ただし自らが最終決定権者として決定した契約及び処分に関しては無期限で禁止される（法38条の2・5項）。

2 誤り。離職前5年間の職務に属するものに関して，働きかけが禁止される（法38条の2・1項）。また幹部職員であった元職員については，離職前5年より前の職務に関する働きかけも禁止される（法38条の2・4項，なお法38条の2・8項参照）。

3 誤り。再就職先が営利企業に限らず，非営利法人（国，地方公共団体，特定地方独立行政法人などを除く）であっても，働きかけ規制の対象となる（法38条の2・1項）。

4 誤り。条件付採用期間中の職員も，対象から除外される（法38条の2・1項）。なお，会計年度任用職員をはじめ非常勤職員も，原則として対象外であるが，再任用短時間職員や任期付短時間職員などの短時間勤務の職員は対象となる（法38条の2・1項）。

5 正しい。働きかけが禁止されるのは，売買，貸借，請負その他の契約だけでなく，行政手続法2条2号に規定する処分（許可，認可，命令，確認など）に関しても対象となる（法38条の2・1項）。

正解 5

Q83 退職管理——②依頼等の規制

★★

地方公務員法が定める退職管理に関する記述として，妥当なのは，次のどれか。

1 職員は，法で禁止されている要求や依頼を再就職者から受けたときは，人事委員会又は公平委員会に届け出なければならず，これを怠った場合は，1年以下の懲役又は50万円以下の罰金に処せられる。

2 任命権者は，退職管理の規制違反行為の疑いがあると思料するときは，直ちに調査を開始しなければならない。その後，調査の経過及び結果については，人事委員会又は公平委員会に報告をしなければならない。

3 人事委員会又は公平委員会は，退職管理の規制違反行為の疑いがあると思料するときは，自ら調査を行い，任命権者に対して，意見を述べることができる。

4 地方自治法の規定する一般競争入札の手続に従い，売買，貸借，請負その他の契約を締結するのに必要な場合は，再就職者による要求や依頼の規制は適用されない。

5 職員が，再就職者から法で禁止されている要求や依頼を受け，それによって職務上不正な行為をした場合，懲戒処分の対象とはなるが法律上の刑事罰は受けない。

義務（服務）——167

| 正解チェック欄 | 1回目 | 2回目 | 3回目 | **A** |

1 誤り。職員は、退職管理の規制に違反する要求や依頼を受けたときは、人事委員会又は公平委員会に届け出なければならない（法38条の2・7項）が、これを怠った場合は、懲戒処分の対象とはなったとしても、法律上の罰則はない。なお条例で10万円以下の過料を科する旨の規定を設けることができる（法65条）。

2 誤り。任命権者は、違反行為の疑いを把握したときは、人事委員会又は公平委員会にその旨を報告しなければならない（法38条の3）。任命権者が、違反行為に関して調査を行おうとするときは、人事委員会又は公平委員会にその旨を通知しなければならない（法38条の4・1項）。調査が終了したときは、人事委員会又は公平委員会に報告をしなければならない（法38条の4・3項）。実際には直ちに調査を行うべき場合が多いであろうが、調査自体は法的義務ではない。

3 誤り。人事委員会又は公平委員会は、任命権者が自主的に行う調査の開始通知を受け、経過報告を求め、意見を述べることができ、結果報告を受けることとされている（法38条の4）。また任命権者が自主的に調査を行わない場合でも、調査を求めることができる（法38条の5・1項）。しかし人事委員会又は公平委員会の権限は、法律又は条例で制限列挙された範囲に限定されている（法8条）ので、自ら調査を行うことはできない。

4 正しい（法38条の2・6項4号）。一般競争入札の手続に、再就職者の不公正な働きかけは想定されない。

5 誤り。職員が、再就職者から法で禁止されている要求や依頼を受け、それによって職務上不正な行為をした場合は、1年以下の懲役又は50万円以下の罰金に処せられる（法60条8号）。

正解　4

Q84 公務災害補償

★

地方公務員法に係る公務災害補償制度に関する記述として妥当なのは，次のどれか。

1 この制度は，各地方公共団体の地域性を考慮して条例により設けられており，補償に係る具体的な業務は，福利厚生事業団によって実施される。

2 この制度では，公務上の災害の認定のための要件は一般に公務遂行性及び公務起因性とされており，具体的事案ではこの要件の充足の有無が判断される。

3 この制度では，通勤災害は公務上の災害と区別されており，通勤災害の場合の補償額は公務上の災害の2分の1である。

4 この制度では，補償は職員本人を対象に行われるものであり，公務上の災害で職員が死亡した場合には，その遺族に対する補償は行われない。

5 この制度は，職員が被った損害に対し地方公共団体が使用者として賠償するという性格を有しており，過失責任主義に立脚している。

正解チェック欄　1回目　2回目　3回目　A

1 誤り。この制度は，法45条4項により法律で定めることとされ，これを受けて地方公務員災害補償法が制定されている。また補償に係る具体的な業務は，地方公務員災害補償基金によって実施される。

2 正しい。この制度では，公務上の災害補償の認定のための要件は，一般に公務（業務）遂行性及び公務（業務）起因性とされている。公務遂行性とは災害が使用者の支配監督の下において発生したものであることをいい，公務起因性とは災害の発生が職務遂行と相当因果関係にあることをいう。

3 誤り。通勤災害は，厳格な意味では公務上の災害ではないが，地方公務員災害補償法では，補償費用の負担関係を除き，同じ扱いをすることとされている。したがって，通勤災害は公務上の災害と区別されているが，通勤災害の場合の補償額は公務上の災害と同じである。

4 誤り。職員が公務災害により死亡したときは，遺族補償として職員の遺族に対して遺族補償年金又は遺族補償一時金が支給される（地方公務員災害補償法31条）。

5 誤り。公務災害補償は，職員が被った損害に対し地方公共団体が使用者として補償するという性格を有しており，**無過失責任**の損害賠償であると観念される。

正解　2

無過失責任主義

損害賠償等の法的責任は，通常は行為者の故意・過失（落ち度）を要件として生ずる（民法709条等）。しかし企業や公共団体などの社会的責任を重視し，故意・過失がなくても企業や公共団体などに結果救済のため応分の賠償責任を課するという考え方を一般に無過失責任主義という（例として国家賠償法の国等の責任）。

Q 85 勤務条件に関する措置の要求──① 制度の意義

★★★

地方公務員法に定める勤務条件に関する措置の要求に関する記述として妥当なのは，次のどれか。

1 この制度は，職員団体が監査委員に対して，勤務条件について地方公共団体の当局が適当な措置を執るべきことを要求するものである。

2 この制度は，職員が地方公共団体の長に対して，当該職員が受けた不利益処分について適当な措置を執るべきことを要求するものである。

3 この制度は，職員団体が人事委員会又は公平委員会に対して，職員の不利益処分について適当な措置を執るべきことを要求するものである。

4 この制度は，職員又は職員団体が地方公共団体の長に対して，勤務条件について適当な措置を執るべきことを要求するものである。

5 この制度は，職員が人事委員会又は公平委員会に対して，勤務条件について地方公共団体の当局が適当な措置を執るべきことを要求するものである。

福祉及び利益の保護——171

| 正解チェック欄 | 1回目 | 2回目 | 3回目 | |

1 誤り。職員は，給与，勤務時間その他の勤務条件に関し，人事委員会又は公平委員会に対して，地方公共団体の当局により適当な措置が執られるべきことを要求することができる（法46条）。**勤務条件**に関する措置要求を行うことができるのは職員であり，臨時職員や条件付採用期間中の職員も含まれるが，職員団体が措置要求をすることはできない（行実昭26.10.9）。また措置要求の相手方は，監査委員ではなく，人事委員会又は公平委員会である。

2 誤り。措置要求の相手方は，人事委員会又は公平委員会である。また措置要求の制度としての対象は，職員の勤務条件であり，職員が受けた不利益処分ではない。もっとも勤務条件の措置要求の対象となると同時に，不利益処分に関する審査請求の対象となる場合もありうる（行実昭27.1.9）。

3 誤り。措置要求を行うことができるのは職員であり，職員団体が措置要求をすることはできない。また措置要求の制度としての対象は，職員の勤務条件であり，職員の不利益処分ではない。

4 誤り。「職員団体」と「地方公共団体の長」が誤りである。

5 正しい。職員は，給与，勤務時間その他の勤務条件に関し，人事委員会又は公平委員会に対して，地方公共団体の当局により適当な措置が執られるべきことを要求することができる（法46条）。

正解 5

勤務条件

職員が地方公共団体に対して勤労を提供するについて存する諸条件で，職員が自己の勤務を提供し，またはその提供を継続するかどうかの決心をするにあたり，一般に当然考慮の対象となるべき利害関係事項であるとされている。具体的には，給与，勤務時間，休暇，執務環境など，その範囲はかなり広い。行政実例としては，定期昇給の遅れ，専従休暇の付与，現在の勤務条件の不変更などの措置要求が取り上げられた。

Q86 勤務条件に関する措置の要求──②要求者及び対象等

★★

地方公務員法に定める勤務条件に関する措置の要求に関する記述として妥当なのは，次のどれか。

1 措置要求は，職員が自らの勤務条件について単独又は他の職員と共同して行うのであり，他の職員から民法上の委任を受けて代理人として行うことはできない。

2 措置要求の対象には，地方公共団体の管理運営事項は含まれず，また勤務条件であってもそれが条例で定められている場合には措置要求の対象とすることはできない。

3 措置要求の制度は，労働基本権の制限の代償措置として職員に認められたものであり，企業職員や単純な労務に雇用される職員は措置要求を行うことができない。

4 措置要求の審査機関は，措置要求の審査にあたって証人の喚問や書類の提出を求めることができ，正当な理由なしにこれに応じない者に対しては罰則の適用がある。

5 措置要求についての判定及び勧告は，法的な拘束力を有するものであり，判定及び勧告に不服がある者は，人事委員会に対して不利益処分に関する審査請求を行うことができる。

正解チェック欄　1回目　2回目　3回目　

1 誤り。措置要求は，職員が自らの勤務条件について単独で行うことはもちろん，他の職員と共同して行うこともできる（行実昭26.11.21）。さらに他の職員から民法上の委任を受けて代理人として行うこともできる（行実昭32.3.1）。

2 誤り。措置要求の対象には，地方公共団体の管理運営事項は含まれないが，条例で定められた事項であっても，それが勤務条件である限り措置要求の対象となる（行実昭28.8.15）。

3 正しい。法46条は，「職員は，給与，勤務時間その他の勤務条件に関し，人事委員会又は公平委員会に対して，地方公共団体の当局により適当な措置が執られるべきことを要求することができる」と規定する。この措置要求の制度は，労働基本権の制限の代償措置の意味合いがあり，労働条件を団体交渉によって定める権利を有し，また労使間の紛争について，労働委員会による斡旋，調停及び仲裁の制度もある企業職員や単純な労務に雇用される職員については，措置要求の制度は適用されない（法57条，地公労法附則5項，地公企法39条1項）。

4 誤り。措置要求の審査機関は，人事委員会又は公平委員会であり，措置要求の審査にあたって証人の喚問や書類の提出を求めることができる（法8条6項）。正当な理由なしにこれに応じない者に対しては，不利益処分に関する審査請求の審査の場合と異なり罰則の適用がない（法61条1号参照）。

5 誤り。措置要求についての判定及び勧告は，違法な手続きを行うなど，措置要求者の権利を侵害した場合は行政処分に該当するという判例（最判昭36.3.28）もあるが，一般的には法的な拘束力を有さず，処分にもあたらないので，不利益処分に関する審査請求を行うことはできない（法49の2・2項）。また再審の手続きを取ることも認められていない（行実昭33.12.18）。

正解　3

Q 87 勤務条件に関する措置の要求──③要求者及び対象等

★★

地方公務員法に定める勤務条件に関する措置の要求に関する記述として妥当なのは，次のどれか。

1 措置要求は，一般の行政事務に従事する職員は行うことができるが，地方公営企業の職員，教育職員，警察職員，消防職員及び単純労務職員は行うことができない。

2 措置要求の対象となる勤務条件とは，職員が自己の勤務を提供し，又はその提供を継続するかどうかの決心をするにあたり，一般的に当然考慮の対象となるべき利害関係事項であり，人事評価や職員定数の増減はこれに含まれる。

3 措置要求の内容は，新たな法律関係を生じさせ，又は既存の法律関係を消滅させ，若しくは変更するような作為に限られており，職員は現在の法律関係を変更しないという不作為を要求することはできない。

4 人事委員会は，措置要求に対する判定の結果に基づいて，当該事項に関して権限を有する機関に対して必要な勧告を行うが，条例や規則の改正についても勧告することができる。

5 職員は，措置要求に対する判定があった場合，同一職員が同一事項について改めて措置の要求をすることはできないが，再審を請求して判定の修正を求めることはできる。

| 正解チェック欄 | 1回目 | 2回目 | 3回目 | **A** |

1 誤り。地方公営企業の職員と単純労務職員は，措置要求を行うことができないが（法57条，地公労法附則5項，地公企法39条1項），一般の行政事務に従事する職員，教育職員，警察職員，及び消防職員，さらには会計年度任用職員，短時間勤務の職の職員なども措置要求を行うことができる。

2 誤り。「措置要求の対象となる勤務条件とは，職員が自己の勤務を提供し，又はその提供を継続するかどうかの決心をするにあたり，一般的に当然考慮の対象となるべき利害関係事項である」という記述は正しいが，具体的には，給料，諸手当，勤務時間，休日，休暇あるいは職場環境などをいい，勤務条件そのものではない勤務評定，職員定数の増減，予算額の増減自体などは，これに該当しないと解されている。

3 誤り。現在の法律関係を変更しないという不作為の措置要求（例えば特別手当をなくさないように，あるいは勤務時間を増やさないようになどという要求）も，勤務条件に関するものである限り，これを行うことができるとされる（行実昭33.11.17）。

4 正しい。条例や規則で定められた事項であっても，勤務条件である限り措置要求の対象となる（行実昭28.8.15）。そう解さなければ，もともと勤務条件は条例で定めることになっている（法24条5項）から，措置要求制度の実効性がなくなってしまうことになる。したがって人事委員会は，判定の結果に基づいて条例や規則の改正についても当然に勧告することができる。

5 誤り。勤務条件に関する措置要求には，いわゆる一事不再理の原則の適用がないので（行実昭34.3.5），職員は，措置要求に対する判定があった場合，同一職員が同一事項について改めて措置の要求をすることはできるが，再審を請求して判定の修正を求めることはできない（行実昭33.12.18）。

正解 4

Q88 勤務条件に関する措置の要求──④要求者及び対象等

★★

地方公務員法に定める勤務条件に関する措置の要求に関する記述として妥当なのは，次のどれか。

1 措置要求は，当該職員にとって過去における勤務条件について行うことができるので，退職者であっても退職手当について行うことができる。

2 措置要求は，職員団体が行うことができないが，複数の職員が共同して行うことや職員が他の職員からの委任に基づき代理人として行うことはできる。

3 措置要求は，地方公共団体の当局に勤務条件の是正を求めるものであるため，職員が現在の勤務条件の変更をしないように求めることはできない。

4 措置要求は，行政機関の改廃や人事評価制度について行うことはできるが，条例で定められている事項については勤務条件であっても行うことができない。

5 措置要求は，職員の服務に関する事項について行うことができるが，職員の安全，衛生に関する事項については行うことができない。

福祉及び利益の保護——177

正解チェック欄　1回目　2回目　3回目　A

1　誤り。措置要求は，当該職員にとって過去における勤務条件について行うことができるが，すでに退職した職員は，現に職員の地位を有しないので，措置要求をすることはできない（行実昭27.7.3）。したがって退職者が退職手当について措置要求を行うことはできない（行実昭29.11.19）。

2　正しい。措置要求ができるのは「職員」であるため（法46条），職員団体が行うことができないが，複数の職員が共同して行うことや職員が他の職員からの委任に基づき代理人として行うことはできる。

3　誤り。現在の法律関係を変更しないという不作為の措置要求も，勤務条件に関するものである限り，これを行うことができる（行実昭33.11.17）。

4　誤り。措置要求は，給料，諸手当，勤務時間，休日，休暇あるいは職場環境などについて行うことができるが，勤務条件そのものではない人事評価，職員定数の増減，予算額の増減自体などについては行うことができないと解されている。行政機関の改廃についても同様に措置要求ができないと考えられる。反対に条例や規則で定められた事項であっても，勤務条件である限り措置要求の対象となる（行実昭28.8.15）。

5　誤り。職員の服務に関する事項自体は，勤務条件そのものでないため措置要求の対象とはならないが，それに関連する勤務条件事項であれば措置要求ができる。また職員の安全，衛生に関する事項は執務環境に関する勤務条件であると考えられるので，当然措置要求を行うことができる。

正解　2

Q89 不利益処分に関する審査請求——①申立者及び判定の効力

★★

地方公務員法に規定する不利益処分に関する審査請求についての記述として正しいのはどれか。

1 職員は、懲戒その他の不利益処分を受けた場合には、労働委員会に対して審査請求を行うことができ、また条件付採用期間中の職員もこれを行うことができる。

2 職員は、給与、勤務時間その他の勤務条件に関し不利益処分を受けた場合には、任命権者に対して審査請求を行うことができ、また臨時的任用職員もこれを行うことができる。

3 職員は、給与、勤務時間その他の勤務条件に関し不利益処分を受けた場合には、労働基準監督署に対して審査請求を行うことができ、また職員団体もこれを行うことができる。

4 任命権者は、審査機関の判定に対して不服がある場合には、直接に裁判所に対して判定の取消しの訴えを提起することができ、必ずしも審査機関に対する再審の手続を経る必要はない。

5 任命権者は、審査機関が不利益処分について取消しの判定をした場合には、その判定にしたがった効力が生ずるため、必ずしも当該不利益処分を取り消す処分を改めて行う必要はない。

福祉及び利益の保護── 179

正解チェック欄　1回目　2回目　3回目　Ⓐ

1 誤り。職員は，懲戒その他の不利益処分を受けた場合には，人事委員会又は公平委員会に対してのみ審査請求をすることができる（法49条の2・1項）。条件付採用期間中の職員は，法49条1項及び行政不服審査法が適用されないので（法29条の2・1項），審査請求を行うことができない。

2 誤り。職員は，まれではあるが勤務条件に関しても「不利益処分」を受けることがあり，そのときは審査請求を行うことができるが，その審査請求をする先は，任命権者ではなく，人事委員会又は公平委員会である。また臨時的任用職員は法49条1項及び行政不服審査法が適用されないので（法29条の2・1項），審査請求を行うことができない。

3 誤り。審査請求をする先は，人事委員会又は公平委員会のみであり，労働基準監督署に対して審査請求を行うことはできない。また審査請求を行うことができるのは，「職員」であり，職員団体はこれを行うことができない。

4 誤り。任命権者は，審査機関の判定に対して不服がある場合でも，これについて**機関訴訟**（国又は地方公共団体の機関相互間の訴訟で，権限の存否または権限行使に関し争うものである）を認める法律の規定がないので，直接に裁判所に対して判定の取消しの訴えを提起することができない（行政事件訴訟法42条，行実昭27．1．9）。ただし任命権者は，人事委員会又は公平委員会規則で定める一定の事由に該当する場合は，人事委員会又は公平委員会に対して再審の請求を行うことはできる。

5 正しい。審査機関が，不利益処分について修正又は取消しの判定をした場合には，その判定は**形成的効力**（判定が確定した場合に，それにより既存の法律関係に変更を生じさせる効力をいう）をもち，任命権者の何らの処分を待つことなく，判定に従った効力が生ずる（行実昭27．9．20）。

正解　5

Q 90 不利益処分に関する審査請求——②手続及び内容等

★★

地方公務員法に規定する不利益処分に関する審査請求についての記述として正しいのはどれか。

1 職員は，懲戒処分及び分限処分のほか，普通昇給が行われない場合や職員の同意の下に行われた降任についても，その決定のあったことを知った日から起算して1年以内であれば，審査請求を行うことができる。

2 職員は，懲戒その他その意に反する不利益処分を受けた場合には，審査請求を行うことを認められており，地方公営企業の職員や単純労務職員も人事委員会に対して審査請求を行うことができる。

3 職員は，人事委員会に対して不利益処分に関する審査請求を行うことができる場合においても，審査請求を経ずに不利益処分の取消しの訴えを提起することができる。

4 人事委員会は，審査請求を審査するときには，当事者の請求の有無にかかわりなく口頭審理を行わなければならず，任命権者から請求があったときには口頭審理を公開して行わなければならない。

5 人事委員会は，審査請求の審査の結果に基づいて，その処分を承認し，修正し，又は取り消し，及び必要がある場合には，任命権者に職員がその処分によって受けた不当な取り扱いを是正するための指示をしなければならない。

| 正解チェック欄 | 1回目 | 2回目 | 3回目 | A |

1 誤り。審査請求の対象は，懲戒その他その意に反すると認める不利益な処分であるから，職員の同意の下に行われた降任はこれに該当しないし，普通昇給が行われない場合は，もともと具体的な処分が行われていないから不利益処分にあたらない（行実昭29.7.19）。なお審査請求期間は，法49条の3により，処分があったことを知った日の翌日から起算して3カ月以内であり，処分があった日の翌日から起算して1年以内である。

2 誤り。地方公営企業の職員や単純労務職員には不利益処分に関する審査請求制度は適用されない（法57条，地公労法附則5項，地公企法39条1項）。これらの職員は，人事委員会の権限外にあり，その任用が民間の雇用契約的なものであることによる。

3 誤り。行政事件訴訟法は，訴願前置主義を採用していないが（行政事件訴訟法8条1項），地方公務員法では，原則として人事委員会に審査請求を行い，その裁決を経た後でなければ処分の取消の訴えを提起することができないとしている（法51条の2）。これは職員の任用関係については，まず人事委員会で審査することが実情確認のためにも適切であり，後の訴訟審理の促進にも役立つと考えられるからである。

4 誤り。職員からの審査請求を受理したときは，人事委員会又は公平委員会は，直ちにその事案を審査しなければならない。この審査は処分を受けた職員から請求があったときは，口頭審理を行う。口頭審理は，その職員から請求があったときは，公開して行わなければならない（法50条1項）。

5 正しい。人事委員会又は公平委員会は，審査請求の審査の結果に基づいて，その処分を承認し，修正し，又は取り消し，及び必要がある場合には，任命権者に職員がその処分によって受けた不当な取扱いを是正するための指示をしなければならない（法50条3項）。

正解 5

Q91 不利益処分に関する審査請求——③対象及び申立者

★★★

地方公務員法に定める不利益処分に関する審査請求についての記述として正しいのはどれか。

1 審査請求の対象には、職員の意に反する不利益な処分のほか職員のした申請に対する不作為も含まれる。
2 審査請求の対象には、職員の意に反しない不利益な処分のほか職員の意に反するが不利益でない処分も含まれる。
3 審査請求のできる者は一般職の職員であり、それには条件付採用期間中の職員及び臨時的に任用された職員も含まれる。
4 審査請求のできる者は特別職及び一般職の職員であるが、それには非常勤の嘱託員及び警察職員は含まれない。
5 審査請求のできる者は一般職の職員であるが、それには企業職員及び単純な労務に雇用される職員は含まれない。

福祉及び利益の保護——183

正解チェック欄 1回目 2回目 3回目 **A**

1 誤り。懲戒その他職員の意に反する不利益な処分を除いて，職員に対する処分については，審査請求をすることができない。職員がした申請に対する不作為についても，同様に審査請求の対象とならない（法49条の2・2項）。

2 誤り。審査請求の対象は，職員の意に反する不利益な処分に限られる。例えば依願免職処分は，職員の意思に基づく処分であり審査請求の対象とならない。もっとも退職の意思が真正でない場合には，審査請求ができる（行実昭27.12.23）。

3 誤り。条件付採用期間中の職員及び臨時的に任用された職員については，行政不服審査法の規定を適用しない（法29条の2・1項）。ただし，これらの者にも懲戒処分の規定の適用があることから，懲戒処分の審査請求については立法論として検討する余地があるとする説もある。

4 誤り。地方公務員法に定める不利益処分に関する審査請求のできる者は，一般職の職員に限られる（法4条1項）。したがって特別職の非常勤の嘱託員（法3条3項3号）は含まれないが，警察職員は含まれる。また会計年度任用職員をはじめ，一般職の非常勤職員は審査請求ができる。

5 正しい。地方公営企業の職員や単純労務職員には不利益処分に関する審査請求制度は適用されない（法57条，地公労法附則5項，地公企法39条1項）。

正解 5

Q92 不利益処分に関する審査請求——④対象及び処分説明書等

★★

地方公務員法に定める不利益処分に関する審査請求についての記述として正しいのはどれか。

1 不利益処分に対する審査請求は，人事委員会又は公平委員会に対して行うことができるほか，行政不服審査法に基づき処分庁又はその上級行政庁に対しても行うことができる。

2 審査請求の対象となる不利益処分とは，懲戒その他意に反する不利益な処分に限られ，職員がした申請に対する不作為について，意に反する不利益なものであっても，地方公務員法又は行政不服審査法に基づく審査請求をすることができない。

3 条件付採用期間中の職員及び臨時的任用の職員は，審査請求をすることはできないが，企業職員及び単純労務職員は審査請求をすることができる。

4 不利益処分を行う場合は処分説明書を交付しなければならず，これは処分の効力発生の要件である。

5 不利益処分の取消の訴えについては訴願前置主義はとられておらず，また人事委員会又は公平委員会の判定に不服がある場合は，処分庁及び被処分者は当然出訴することができる。

福祉及び利益の保護 —— 185

正解チェック欄　1回目　2回目　3回目　

1　誤り。懲戒その他意に反する不利益処分を受けた職員は，人事委員会又は公平委員会に対してのみ審査請求をすることができる（法49条の2・1項）。したがって行政不服審査法に基づき処分庁又はその上級行政庁に対して行うことはできない。

2　正しい。審査請求の対象となる不利益処分とは，懲戒その他意に反する不利益な処分に限られ，職員がした申請に対する不作為が職員の意に反する不利益なものであっても，地方公務員法又は行政不服審査法に基づく審査請求をすることができない（法49条の2・2項）。

3　誤り。条件付採用期間中の職員及び臨時的任用の職員は，行政不服審査法の規定が適用されない（法29条の2・1項）ので，審査請求をすることはできないというのは正しい。しかし企業職員及び単純労務職員も，不利益処分に関する審査請求制度が適用されない（法57条，地公労法附則5項，地公企法39条1項）ので，同様に審査請求をすることができない。

4　誤り。不利益処分を行う場合は，処分説明書を交付しなければならないが（法49条1項），これは処分の効力発生の要件ではないとされている（行実昭27.9.20）。また処分説明書の交付がない場合にも，処分の効力に影響がないとする行政実例もある（行実昭39.4.15）。

5　誤り。不利益処分の取消の訴えについては審査請求前置主義がとられている（法51条の2）。また人事委員会又は公平委員会の判定に不服がある場合は，被処分者は当然出訴することができるが，処分庁は機関訴訟の規定がない以上，出訴することはできない（行政事件訴訟法42条，行実昭27.1.9）。

正解　2

Q93 不利益処分に関する審査請求——⑤審査機関の判定

★

地方公務員法に規定する不利益処分に関する審査請求についての記述として正しいのはどれか。

1 不利益処分を受けた職員は，審査機関の判定に不服がある場合に裁判で争うときは，その判定の取消しの訴えのみを提起することができ，当該不利益処分の取消しの訴えは提起できない。
2 任命権者は，審査機関の判定に対して不服がある場合には，再審の手続を経ないで，直ちに裁判所に対して判定の取消しの訴えを提起することができる。
3 不利益処分を受けた職員は，審査請求をすることができるが，審査請求ができるのは，人事委員会又は公平委員会に対してのみである。
4 任命権者は，審査機関の判定に従う義務があり，不利益処分の取消しの判定があったときは，当該不利益処分を取り消す処分を改めて行わなければならない。
5 審査請求の審査は，行政不服審査法の定める審査の手続に従って行われ，審査請求者から書面審理の請求がない限り，必ず公開の口頭審理によって行わなければならない。

福祉及び利益の保護——187

| 正解チェック欄 | 1回目 | 2回目 | 3回目 | **A** |

1 誤り。不利益処分を受けた職員が，審査機関の判定に不服がある場合に裁判で争うときは，当該不利益処分の取消しの訴えを提起することはできる。

2 誤り。任命権者は，裁判所に対して判定の取消しの訴えを提起することができないとされている（行政事件訴訟法42条，行実昭27.1.9）。任命権者が，審査機関の判定に対して不服があり，かつ人事委員会又は公平委員会規則で定める特別な事由に該当する場合は，再審の請求を行うことができる。

3 正しい。懲戒その他意に反する不利益処分を受けた職員は，人事委員会又は公平委員会に対してのみ審査請求をすることができる（法49条の2・1項）。

4 誤り。任命権者は，審査機関の判定に従う義務があり，不利益処分の取消しの判定があったときは，その判定は形成的効力をもつものであり，任命権者の何らの処分を待つことなく，判定に従った効力が生ずる（行実昭27.9.20）。

5 誤り。審査請求の審査は，行政不服審査法の手続規定が適用されず（法49条の2・3項），手続に関し必要な事項は，地方公務員法の規定のほか人事委員会規則又は公平委員会規則で定めることになっている（法51条）。審査は人事委員会又は公平委員会により**書面審理**（当事者双方から提出された答弁書や反論書などの書面によって審査機関の判定を形成してゆく審理方式）で進められるが，審査請求者から請求があれば，**口頭審理**（当事者に口頭による陳述の機会を与え，その陳述によって審査機関の判定を形成してゆく審理方式）によって行わなければならない（法50条1項）。

正解 3

Q94 不利益処分に関する審査請求—⑥ 勤務条件に関する措置の要求との差異

★★

地方公務員法に規定する「勤務条件に関する措置の要求」と「不利益処分に関する審査請求」との差異に関する記述として正しいのはどれか。

1 「勤務条件に関する措置の要求」をすることができる者には、「不利益処分に関する審査請求」とは異なり、臨時的に任用された職員が含まれない。

2 「勤務条件に関する措置の要求」は、人事委員会又は公平委員会に対して行うが、「不利益処分に関する審査請求」は、処分庁に対してのみ審査請求をすることができる。

3 「勤務条件に関する措置の要求」をすることができる者には、退職した職員の場合など現に職員でない者も含まれるが、「不利益処分に関する審査請求」では、現に職員たる地位を有する者に限られる。

4 「勤務条件に関する措置の要求」では、一事不再理の原則が適用され、同一職員が同一事項について改めて措置要求をすることはできないが、「不利益処分に関する審査請求」は再審の手続が認められている。

5 「勤務条件に関する措置の要求」では、審査を行う場合に必要があるときは、証人喚問又は書類の提出を求めることができるが、たとえこれに応じなくても「不利益処分に関する審査請求」の場合と異なり、罰則の適用はない。

| 正解チェック欄 | 1回目 | 2回目 | 3回目 | A |

1　誤り。結論が逆である。「勤務条件に関する措置の要求」をすることができる者には、「不利益処分に関する審査請求」とは異なり、臨時的に任用された職員が含まれる。

2　誤り。「勤務条件に関する措置の要求」は，人事委員会又は公平委員会に対して行うのは正しい。「不利益処分に関する審査請求」も，人事委員会又は公平委員会に対してのみ審査請求をすることができる。

3　誤り。これも結論が逆で「勤務条件に関する措置の要求」をすることができる者には，退職した職員の場合など現に職員でない者は含まれず，「不利益処分に関する審査請求」では，免職された職員の場合など現に職員でない者も含まれる。

4　誤り。「不利益処分に関する審査請求」について再審の手続が認められていることは正しいが，「勤務条件に関する措置の要求」でも，同一職員が同一事項について改めて措置要求をすることはできるとされている（行実昭34.3.5）。

5　正しい。「勤務条件に関する措置の要求」では，審査を行う場合に必要があるときは，証人喚問又は書類の提出を求めることができる（法8条6項）が，たとえこれに応じなくても「不利益処分に関する審査請求」の場合（法61条1号）と異なり，罰則の適用はない。

正解　5

Q 95 職員団体──①結成及び権利等

★★★

地方公務員法に規定する職員団体に関する記述として妥当なのは，次のどれか。

1 職員団体は，職員がその勤務条件の維持改善を図ることのみを目的として組織する団体又は連合体である。

2 警察職員，消防職員，地方公営企業の職員及び単純労務職員は，職員団体を結成し，又はこれに加入してはならない。

3 管理職員等も職員団体を結成することができるが，管理職員等の範囲は，任命権者が定める。

4 管理職員等とそれ以外の職員とは，人事委員会又は公平委員会が許可した場合は，同一の職員団体を組織することができる。

5 職員団体には，団体協約を締結する権利が認められておらず，争議行為も禁止されている。

正解チェック欄 A

1 誤り。法52条1項は、「この法律において『職員団体』とは、職員がその勤務条件の維持改善を図ることを目的として組織する団体又はその連合体をいう」と規定するが、勤務条件の維持改善を図ることが主たる目的であれば、それ以外の目的、例えば、社交的目的、文化的目的などをあわせ持つことが禁止されているわけではない。

2 誤り。警察職員及び消防職員は、団結権が全面的に禁止されている（法52条5項）から正しい。地方公営企業の職員は、労働組合を結成し、これに加入することができるが、地方公務員法上の職員団体を結成できない。単純労務職員は、職員団体及び労働組合どちらも結成し、又は加入することができる。

なお、会計年度任用職員も一般職であり、職員団体に加入することができる。

3 誤り。管理職員等も職員団体を結成することができるが、管理職員等の範囲は、任命権者ではなく、人事委員会又は公平委員会が規則で定めることになっている（法52条4項）。これは交渉の当事者の一方が定めるよりも、第三者機関が定めることによって無用な紛争を避け、客観的に決定されることを期待したものである。

4 誤り。地方公務員法は、管理職員等と管理職員等以外の職員とは、同一の職員団体を組織することができず、管理職員等と管理職員等以外の職員とが組織する団体は、この法律にいう「職員団体」ではないと規定する（法52条3項）。

5 正しい。職員団体には、団体協約を締結する権利が認められておらず（法55条2項）、個々の職員について争議行為が禁止されている（法37条1項）関係で、職員団体も争議行為はなし得ないと解されている。

正解 5

Q 96 職員団体──②登録団体

地方公務員法に規定する職員団体に関する記述として妥当なのは，次のどれか。

1 人事委員会又は公平委員会の登録を受けた職員団体は，当局と適法な交渉を行い，法令等にてい触しない限りにおいて，書面による協定を結ぶことができるが，未登録の団体は，適法な交渉を行うことはできるが，書面協定を結ぶことはできない。

2 単純労務職員は，地方公務員法による職員団体，労働組合法による労働組合のいずれをも結成することができるが，企業職員は，労働組合のみで，職員団体を結成することはできない。

3 職員団体の連合体，職員団体と企業職員などの組織する労働組合との連合体は，いずれも人事委員会又は公平委員会に登録すれば，職員団体となることができる。

4 職員が給与を受けながら職員団体の業務に従事することは，原則として禁止されているが，人事委員会又は公平委員会が定めるものについては，例外として認められる。

5 職員団体が登録されるためには，その構成員のうち管理職員等を除く職員が半数以上を占める必要がある。

| 正解チェック欄 | 1回目 | 2回目 | 3回目 | |

1 誤り。職員団体は、当局と適法な交渉を行い、法令等にてい触しない限りにおいて、書面による協定を結ぶことができ（法55条9項）、このことは人事委員会又は公平委員会の登録を受けているか、否かによって変わらない。登録の効果は、下記の解説3を参照のこと。

2 正しい。単純労務職員は、地方公務員法による職員団体、労働組合法による労働組合のいずれをも結成することができる（法52条、57条、地公労法5条、同法附則5項）。企業職員は、労働組合のみで、職員団体を結成することはできない（地公企法39条1項、地公労法5条）。

3 誤り。職員団体の連合体も職員団体であるが、職員団体と企業職員などの組織する労働組合との連合体は、職員団体ではない。人事委員会又は公平委員会の登録は、職員団体が自主的かつ民主的に組織されていることを公証する行為であるとともに、そうした職員団体に対していくつかの法的利益（①法人格を取得できること（職員団体等に対する法人格の付与に関する法律3条1項3号）、②当局が適法な交渉の申入れに応ずべき地位に立つこと（法55条1項）、③職員団体の役員としてもっぱら従事することができること（法55条の2・1項ただし書））を付加するものである。職員団体でない団体に対する登録制度というものはない。

4 誤り。「職員は、条例で定める場合を除き、給与を受けながら、職員団体のためその業務を行ない、又は活動してはならない」（法55条の2・6項）。したがって例外として認められるのは、人事委員会又は公平委員会が定めるものではなく、条例で定める場合である。

5 誤り。職員団体が登録されるための要件として、管理職員等を除く職員のみをもって組織されていることが必要である（法53条4項）。

正解　2

Q 97 職員団体──③登録

★★

地方公務員法に規定する職員団体の登録に関する記述として妥当なのは，次のどれか。

1 職員団体の登録は，職員団体が地方公共団体に現に在職する職員のみで組織されていることが要件とされ，長から免職された者を当該職員団体の役員としている職員団体の登録は認められない。

2 職員団体の登録は，職員団体がその役員の選任について，構成員の直接かつ秘密の投票により決定していることが要件とされるが，役員の選任を除く規約の決定又は変更について同様の投票によることは，要件とされない。

3 職員団体の登録は，職員団体が自主的かつ民主的に組織されていることを公証する行為であり，人事委員会又は公平委員会が第三者機関としての立場で，これを行うものである。

4 登録を受けた職員団体は，その主たる所在地の法務局で登記することにより初めて法人格を取得することができ，法人格を取得した職員団体は，任命権者の許可を受けた職員をもっぱらその役員としての業務に従事させることができる。

5 登録を受けた職員団体は，登録の要件のいずれかを欠く事実が発生した場合には，自動的に登録の効力が失われるため，地方公共団体の当局と交渉する資格を喪失する。

| 正解チェック欄 | 1回目 | 2回目 | 3回目 | **A** |

1 誤り。法53条4項ただし書は，「その意に反して免職され，若しくは懲戒処分としての免職の処分を受け，当該処分を受けた日の翌日から起算して1年以内のもの又はその期間内に当該処分について法律の定めるところにより審査請求をし，若しくは訴えを提起し，これに対する裁決若しくは裁判が確定するに至らないものを構成員にとどめていること〔中略〕を妨げない」と規定する。

2 誤り。職員団体の登録の要件として，構成員の直接かつ秘密の投票により決定することが必要となる行為は，役員の選任だけでなく，規約の作成又は変更その他これらに準ずる重要な行為である（法53条3項）。

3 正しい。職員団体の登録は，職員団体が自主的かつ民主的に組織されていることを，人事委員会又は公平委員会が公証する行為である。

4 誤り。登録を受けた職員団体は，法人となる旨を人事委員会又は公平委員会に申し出ることにより法人となることができる（職員団体等に対する法人格の付与に関する法律3条1項3号）。また登録を受けた職員団体は，法人格を取得しなくても，その役員としてもっぱら従事させることができる（法55条の2・1項ただし書）。

5 誤り。職員団体の登録は，その要件のいずれかを欠く事実が発生した場合でも，自動的に登録の効力が失われるわけではなく，人事委員会又は公平委員会が，条例の定めにより，登録を取り消すことになる（法53条6項）。この登録の取消は，当該処分の取消の訴えを提起することができる期間内及び当該処分の取消の訴えの提起があったときは当該訴訟が裁判所に係属する間は，その効力を生じないとされる（法53条8項）。また仮に登録の効力が失われたとしても，地方公共団体の当局と交渉することはできる。

正解 3

Q 98 職員団体──④交渉権

★★★

地方公務員法に規定する職員団体の交渉権に関する記述として妥当なのは、次のどれか。

1 登録職員団体より適法な交渉の申し入れがあった場合、当局が正当の理由なくこれに応じないときは、不当労働行為となり、労働委員会は当該職員団体の申し立てに基づき必要な命令を行うことができる。

2 非登録職員団体より交渉の申し入れがあった場合、当局は交渉応諾義務を負わないので当然に拒否できるとされているが、それは非登録職員団体は、当局と交渉する能力を本来的に有していないからである。

3 職員団体と当局が交渉を行う場合、あらかじめ交渉代表者の氏名、員数、議題等について予備交渉を行うことを原則とするが、予備交渉を経ない本交渉の申し入れに対しても、当局は交渉応諾義務を負っている。

4 職員団体と当局は、管理運営事項について交渉の対象にすることができないから、職員の勤務条件が管理運営事項と密接な関係をもつ場合には、当該勤務条件のみを対象とすることは一切認められない。

5 職員団体と当局は、交渉の結果、合意に達したとき書面協定を締結することができるが、書面協定は法律上その内容を執行するための拘束力を有するものではなく、原則として道義的責任を生ずるにとどまる。

| 正解チェック欄 | 1回目 | 2回目 | 3回目 | |

1 誤り。登録職員団体より適法な交渉の申し入れがあった場合，当局はその申し入れに応ずべき地位に立つとされ（法55条1項），正当な理由なくこれに応じないときは違法な行為ではあるが，労働組合に対する場合とは異なり**不当労働行為**となったり，労働委員会が職員団体の申し立てに基づき必要な命令を行ったりということはない。

2 誤り。非登録職員団体より交渉の申し入れがあった場合，当局は応諾義務を負わないが，当然に拒否できるとはされていない。職員団体側から見た場合には，登録の有無にかかわらず，当局と交渉する能力には全く相違がないと解されている。

3 誤り。予備交渉を行わない場合は，本交渉に応ずる必要はないものとされる。

4 誤り。管理運営事項とは具体的には，地方公共団体の組織，行政の企画・執行，予算の編成・執行，議案の提案，職員定数の決定・配当あるいは任命権の行使などをいう。管理運営事項は交渉の対象にすることができないが，職員の勤務条件が管理運営事項と密接な関係をもつ場合，具体的には職員の給与改定と予算措置，あるいは時間外勤務の減縮と定数措置との関係が挙げられるが，勤務条件は交渉の対象となる。

5 正しい。職員団体と当局は，交渉の結果，合意に達したとき書面協定を締結することができる（法55条9項）が，交渉には団体協約を締結する権利を含まないとされている（法55条2項）ことから，書面協定は法律上その内容を執行するための拘束力を有せず，原則として道義的責任を生ずるにとどまる。　　正解　5

不当労働行為
使用者が労働組合運動に対してする妨害的行為をいい，労働組合法7条各号に列挙されている。

Q 99 職員団体——⑤職員の行為の制限

★★

地方公務員法に定める職員団体のための職員の行為の制限に関する記述として妥当なのは，次のどれか。

1 在籍専従の許可を受けた職員は，職員としての身分を保有しないので，在籍専従の期間中に職員に対して行われる昇任試験を受験することはできない。

2 在籍専従の許可を受けた職員は，その許可が効力を有する間，任命権者からいかなる給与も支給されず，その期間は，退職手当の算定基礎となる勤続期間に算入されない。

3 任命権者は，在籍専従の職員に対して，職員としての在籍期間を通じて10年を超えない範囲内であれば，在籍専従の許可の更新を拒んではならない。

4 任命権者は，職員の労働基本権を保障するため，登録を受けていない職員団体の役員として専ら活動する職員に対しても，その職員から申請があれば，在籍専従の許可を与えなければならない。

5 任命権者は，在籍専従の職員以外の職員が，給与を受けながら職員団体のために活動することは，いかなる場合にも認めることができない。

正解チェック欄 1回目 2回目 3回目

1 誤り。在籍専従の許可を受けた職員も，職員としての身分及び職を保有すると解されている。したがって，在籍専従職員も昇任試験を受験することはできる。なお，その試験に合格したときは，在籍専従期間終了後に昇任発令をすることになろう。

2 正しい。在籍専従の許可を受けた職員は，その許可が効力を有する間は，休職者とし，いかなる給与も支給されず，また，その期間は，退職手当の算定の基礎となる勤続期間に算入されないものとする（法55条の2・5項）。これはノーワーク・ノーペイの原則からいって当然であり，またそうしないと当局が財政援助を通じて組合活動に介入するおそれがあるからである。

3 誤り。在籍専従の期間は，職員としての在籍期間を通じて7年を超えることができない。法55条の2・3項には，在籍専従の期間は，5年を超えてはならないとされているが，平成9年3月の法改正時に附則20項が追加され，当分の間，「5年」を「7年以下の範囲内で人事委員会規則又は公平委員会規則で定める期間」とすることとされた。

4 誤り。在籍専従の許可は，登録を受けた職員団体の役員としてもっぱら活動する職員に限って与えられる（法55条の2・1項）。

5 誤り。「職員は，条例で定める場合を除き，給与を受けながら，職員団体のためその業務を行ない，又は活動してはならない」（法55条の2・6項）とされていることから，条例で定める場合には，給与を受けながら職員団体のために活動することが，例外として認められる。

正解　2

Q 100 職員団体——⑥団体交渉

★★

地方公務員法に定める地方公共団体の当局と職員団体との交渉に関する記述として妥当なのは，次のどれか。

1 地方公共団体の当局は，給与その他の勤務条件に関して交渉に応ずべき地位に立つが，勤務条件が予算の編成に関する事項のような管理運営事項と密接な関係をもつ場合には，当該勤務条件については交渉することができない。

2 地方公共団体の当局は，登録を受けた職員団体から適法な交渉の申し入れがあった場合には，その申し入れに応ずべき地位に立つが，予備交渉を経ないでなされた交渉の申し入れには応ずべき地位に立たない。

3 地方公共団体の当局は，非登録職員団体から適法な交渉の申し入れがあった場合には，必要に応じて交渉を行うことはできるが，非登録職員団体と勤務時間中に交渉を行うことはできない。

4 地方公共団体の当局は，議題，時間，場所等，職員団体との間であらかじめ取り決めた事項に従って交渉が行われている場合に，座り込みやピケッティングによって職員の職務遂行に支障が生じても，交渉を打ち切ることはできない。

5 地方公共団体の当局は，職員団体との間で団体協約を締結することはできないが，交渉の結果合意に達した事項を書面協定によって明確にしなければならず，口頭による約束に代えることはできない。

| 正解チェック欄 | 1回目 | 2回目 | 3回目 | **A** |

1 誤り。地方公共団体の当局は，勤務条件が予算の編成に関する事項のような管理運営事項と密接な関係をもつ場合にも，当該勤務条件については交渉することができる。
2 正しい。地方公共団体の当局は，予備交渉を経ないでなされた交渉の申し入れには応ずべき地位に立たないとされている。
3 誤り。地方公共団体の当局は，非登録職員団体から適法な交渉の申し入れがあった場合には，必要に応じて交渉を行うことができる。適法な交渉は，非登録職員団体であっても勤務時間中に行うことはできる（法55条8項）。
4 誤り。交渉は，他の職員の職務の遂行を妨げ，若しくは地方公共団体の事務の正常な運営を阻害することとなったときは，これを打ち切ることができるとされている（法55条7項）。
5 誤り。地方公共団体の当局は，交渉の結果合意に達したときでも必ず書面協定を締結しなければならないものではなく，口頭の約束であっても，もとより差し支えないと解されている。

正解 2

Q 101 職員団体──⑦団体交渉

★★

地方公務員法に定める地方公共団体の当局と職員団体との交渉に関する記述として妥当なのは，次のどれか。

1 地方公共団体の当局は，法令及び条例に抵触しない限りにおいて，職員団体と書面による協定を締結することができ，また職員の社交的又は厚生的活動に関しては団体協約を締結することができる。

2 地方公共団体の当局は，登録職員団体から勤務条件に関して適法な交渉の申し入れがあった場合には，その申し入れに応ずべき地位に立つが，地方公共団体の事務の管理及び運営に関する事項は，交渉の対象とすることができない。

3 地方公共団体の当局は，職員団体との交渉にあたり，議題，時間，場所その他の必要な事項について，職員団体との間であらかじめ取り決めを行わなければならず，また勤務時間外に交渉を行わなければ適法な交渉とならない。

4 地方公共団体の当局は，職員が登録職員団体に属していないことを理由に，当該職員が勤務条件に関して意見を申し出ることを拒むことができるが，社交的又は厚生的活動に関して職員の不満を聞くことはできる。

5 地方公共団体の当局は，登録職員団体との交渉中に，交渉の代表者にいわゆる在籍専従職員以外の者が含まれていること又は職員団体の登録に瑕疵があることが明らかになったときは，直ちに交渉を打ち切らなければならない。

| 正解チェック欄 | 1回目 | 2回目 | 3回目 | **A** |

1 　誤り。職員団体は，法令，条例，地方公共団体の規則及び地方公共団体の機関の定める規程にてい触しない限りにおいて，当該地方公共団体の当局と書面による協定を結ぶことができる（法55条9項）が，職員団体と地方公共団体の当局との交渉は，団体協約を締結する権利を含まないものとされている（法55条2項）。

2 　正しい。当局は，登録を受けた職員団体から，職員の給与，勤務時間その他の勤務条件に関し，及びこれに附帯して，社交的又は厚生的活動を含む適法な活動に係る事項に関し，適法な交渉の申し入れがあった場合は，その申し入れに応ずべき地位に立つとする（法55条1項）。地方公共団体の事務の管理及び運営に関する事項は，交渉の対象とすることができない（法55条3項）。

3 　誤り。適法な交渉は，勤務時間中においても行うことができるものとされる（法55条8項）。

4 　誤り。職員は，職員団体に属していないという理由で，職員の給与，勤務時間その他の勤務条件に関し，及びこれに附帯して，社交的又は厚生的活動を含む適法な活動に係る事項に関し，不満を表明し，又は意見を申し出る自由を否定されてはならない（法55条11項）。したがって地方公共団体の当局は，職員が登録職員団体に属していないことを理由に，当該職員が勤務条件に関して意見を申し出ることを拒むことができない。

5 　誤り。職員団体側の交渉の代表者は，その役員の中から指名する者とされ（法55条5項），また特別の事情がある場合には，役員以外の者も指名できるものとされている（法55条6項）。したがって在籍専従職員でなくてもかまわない。また職員団体の登録に瑕疵（法的な意味として法律又は当事者の予想するような状態や性質が欠けている場合に広く用いる）があることが明らかになったときでも，直ちに交渉を打ち切ることができる場合（法55条7項）にあたらない。

正解　2

頻出ランク付・昇任試験シリーズ3

地方公務員法101問〈第3次改訂版〉

1995年10月1日	初版発行
2000年8月5日	第1次改訂版発行
2016年5月25日	第2次改訂版発行
2019年2月25日	第3次改訂版発行
2021年4月2日	4刷発行

編著者　地方公務員
　　　　昇任試験問題研究会
発行者　佐久間重嘉

〒102-0072 東京都千代田区飯田橋1-9-3
営業（電話）03-3261-1111（代）
　　（FAX）03-5211-3300
編集（電話）03-3261-1112（代）
http://www.gakuyo.co.jp/

学陽書房

Printed in Japan 印刷／文唱堂印刷 製本／東京美術紙工
ISBN978-4-313-20733-2　C2332
乱丁・落丁本は，送料小社負担にてお取り替えいたします。

JCOPY〈出版者著作権管理機構 委託出版物〉
本書の無断複製は著作権法上での例外を除き禁じられています。複製される場合は，そのつど事前に，出版者著作権管理機構（電話 03-5244-5088, FAX 03-5244-5089, e-mail：info@jcopy.or.jp）の許諾を得てください。